Official **MENSA®**
Puzzle Book

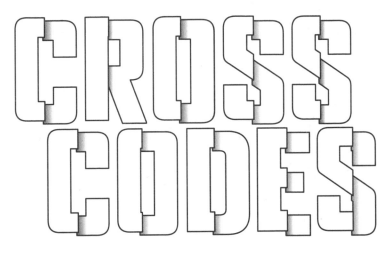

CROSS CODES

Daniel Stark & Helene Hovanec

STERLING

New York / London
www.sterlingpublishing.com

2   4   6   8   10   9   7   5   3   1

Published by Sterling Publishing Co., Inc.
387 Park Avenue South, New York, NY 10016
© 2009 by Daniel Stark and Helene Hovanec
Distributed in Canada by Sterling Publishing
c/o Canadian Manda Group, 165 Dufferin Street
Toronto, Ontario, Canada M6K 3H6
Distributed in the United Kingdom by GMC Distribution Services
Castle Place, 166 High Street, Lewes, East Sussex, England BN7 1XU
Distributed in Australia by Capricorn Link (Australia) Pty. Ltd.
P.O. Box 704, Windsor, NSW 2756, Australia

Sterling ISBN 978-1-4027-5490-6

For information about custom editions, special sales, premium and
corporate purchases, please contact Sterling Special Sales
Department at 800-805-5489 or specialsales@sterlingpublishing.com.

CONTENTS

INTRODUCTION

A cross code is a combination of a crisscross and a cryptogram. Instead of clues or word lists, each letter of the alphabet has been assigned a numeral that remains constant throughout the puzzle. Every puzzle has a different code using all 26 letters.

There's one simple rule to solving cross codes—replace each number in the grid with the correct letter of the alphabet to form interlocking words.

Starting letters are given for each puzzle. They're also entered into the grid, crossed off the alphabet list, and placed into the code box. Once you're positive of a letter, you might wish to cross it off the list and fill in the code box. This will help you keep track of which letters still need to be decoded. Use logic and knowledge of letter patterns to crack the code and complete the grid. All entries are common words; there are no phrases, proper nouns, abbreviations, foreign words, or crossword fillers like EKE, OPE, ASEA, AGA, ANI, CEE, DEE, REE, UKE, etc.

SOLVING HINTS
- E is the most frequently used letter
- U always follows Q
- -ING and -TION are common word endings

SPECIFIC EXAMPLES
- For the pattern V?W, the only possible answer is VOW. Another choice, VFW, is an abbreviation that isn't allowed as an answer word.
- For the pattern I???X, the ??? would have to be NDE since INDEX is the only possibility. Other choices—ICE AX, IN-BOX, INFIX, and IMMIX—aren't allowed because two-word phrases, hyphenated words, and uncommon words are not allowed.
- For the pattern 1223456, the answer could be ALLOWED. It cannot be ILLEGAL because if L is 2, then L can't also be 6. Each number stands for only one letter (and each letter is represented by only one number).
- The pattern ?K?—with a different number for each question mark—could be either SKI or SKY, so the first letter must be S, but it's still not clear if the third letter is I or Y. Use the S and come back to the I/Y option later, after you've decoded more words. When you have an ambiguous letter with just two or three possibilities, you might want to pencil in each possibility to see which one is a viable option.

Cross codes are fun and addictive. Enjoy!

—Daniel Stark and Helene Hovanec

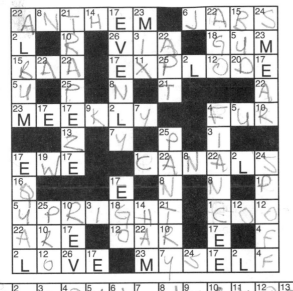

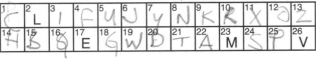

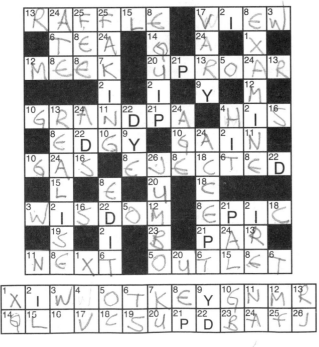

5

3

⁴O	²³L	¹⁹J	²⁴Z	¹⁵E		¹⁹J
⁷P ¹⁷H ⁴O ¹⁰N ¹⁵E		²⁰A ²⁶G ¹³R ¹⁵E ¹⁵E				
¹⁸T ²⁰A ⁸B	¹⁸T ²⁵I ¹⁰N	⁴O ¹W ¹⁵E				
²⁵I ³D ¹⁵E ²⁰L	¹²M ²⁵I ²³L ³D ¹⁵E ¹³R					
⁴O	²³L ²⁵I ¹⁵E	¹⁵E				
¹⁰N ⁴O ¹³R	²⁵I ¹⁸T ⁵S	³D ²U ¹⁵E				
²U	⁶C ²⁰A ¹⁸T	²¹X				
¹¹V ¹⁵E ²³L ¹¹V ¹⁵E ¹⁸T	¹⁶Q ²U ²⁵I ⁷P					
²⁰A ¹⁴Y ¹⁵E	¹⁰N ¹⁵E ¹⁸T	⁷P ¹³R ⁴O				
⁵S ¹⁵E ¹³R ²²F ⁵S	¹⁷J ⁴O ⁴O ⁹K ⁵S					
¹⁵E	⁵S	¹⁵E	¹⁵E	¹⁰N		¹⁵E

1 W	2 U	3 D	4 O	5 S	6 C	7 P	8 B	9 K	10 N	11 V	12 M	13 R
14 Y	15 E	16 Q	17 H	18 T	19 J	20 A	21 X	22 F	23 L	24 Z	25 I	26 G

4

⁷M ²¹A ⁵Z ⁴E		²⁰H ¹¹Y ¹²P ²⁰H ⁴E ¹⁸N					
²⁶I	⁴E ²⁵W ⁴E	⁴E				²³O
¹⁹D ¹U ¹²P ²²L ⁴E ¹⁵X		²¹A ¹⁶J ²¹A ⁹R				
¹⁹D	¹U	²¹A	¹U			
²²L ⁴E ²⁴T	¹⁷V ²¹A ³C ²¹A ²⁴T ⁴E ¹³S					
⁴E	⁴E	²¹A				¹U
¹³S ¹⁰Q ²U ¹²P ⁹R ⁷M ¹³S		⁴E ⁸B ⁸B				
⁷M	¹U	⁹R				⁷M
²G ²¹A ¹²P ¹³S	¹³S ²¹A ¹⁴C ²¹A ⁹R ²⁶I					
²¹A	¹²P	²¹A ²²L ²²L				²⁴T
¹³S ¹²P ⁹R ²¹A ²N ²G	¹¹Y ²¹A ⁶K ¹³S					

1 U	2 G	3 C	4 E	5 Z	6 K	7 M	8 B	9 R	10 Q	11 Y	12 P	13 S
14 F	15 X	16 J	17 V	18 N	19 D	20 H	21 A	22 L	23 O	24 T	25 W	26 I

5

6

7

Grid 7 (across answers read): AMMONIA · ZIP · COO · O · JOR(E) · TOT · TRAINER · T · I · R · F · BROOCH · EDGE · O · WEAVE · C · URGE · SILENT · N · L · D · R · X · CROQUET · AWE · EAR · K · Y · CON · SPY · ELECTED

Key:
1	2	3	4	5	6	7	8	9	10	11	12	13
F	Y	B	U	E	N	P	O	K	I	?	T	S

14	15	16	17	18	19	20	21	22	23	24	25	26
J	M	V	A	H	D	L	X	G	C	R	W	Z

8

Grid 8 (across answers read): TASK · UNSAFE · O · O · RUG · PLUM · JOKING · PEA · BUND · D · S · LESS · K · P · E · HOWEVER · A · Y · B · PAWS · I · O · ROT · MOP · DUPLEX · OBOE · ERE · L · L · C · ANNOYS · ZEST

Key:
1	2	3	4	5	6	7	8	9	10	11	12	13
R	Y	B	X	?	E	Z	J	S	V	L	T	P

14	15	16	17	18	19	20	21	22	23	24	25	26
O	C	Q	D	W	N	K	M	A	?	G	?	H

8

10

1 3

Letter checklist:

~~A~~	N
B	O
~~C~~	P
D	Q
E	~~R~~
F	S
G	~~T~~
H	U
I	V
J	W
K	X
L	Y
M	Z

Grid:

4 C	13	11	11	26 A	■	4 C	17	25	12	22
17	■	23	23	2	■	12	6 R	23	■	17
19	6 R	26 A	18	2	■	8	16	26 A	21 T	14
23	■	16	■	9	23	26 A	■	4 C	■	21 T
14	12	21 T	23	■	19	6 R	23	23	24	9
■	■	■	6 R	■	19	■	2	■	■	■
23	3	20	26 A	2	23	■	5	12	2	23
7	■	10	■	20 A	22	14	■	4 C	■	15
17	21 T	21 T	23	6 R	■	13	2	12	10	23
12	■	23	2	1	■	18	13	23	■	4 C
25	26 A	2	11	14	■	14	21 T	17 R	17	21 T

Solution key:

1	2	3	4 C	5	6 R	7	8	9	10	11	12	13
14	15	16	17	18	19	20	21 T	22	23	24	25	26 A

1 4

Letter checklist:

A	N
B	~~O~~
C	P
~~D~~	Q
E	R
F	~~S~~
G	T
H	U
I	V
J	W
K	X
L	Y
M	~~Z~~

Grid:

1	13	15	15	17	19 D	■	9 Z	17	13	22
■	19	2 D	17	■	17	■	2 O	■	8	■
21	2 O	16	14	■	4	25	2 O	26	17	7 S
■	■	2 O	■	13	■	3	■	7 S	■	■
26	17	6	6	17	22	7 S	■	25	2 O	10
■	1	13	19 D	17	■	13	23	2 O	3	■
10	17	10	■	22	5	24	25	23	17	18
■	4	■	11	■	7 S	■	18	■	■	■
7 S	23	18	12	3	7 S	■	2 O	20	13	22
■	17	■	5	■	12	■	15	5	6	■
17	19 D	5	23	■	17	7 S	7 S	13	14	7 S

Solution key:

1	2 O	3	4	5	6	7 S	8	9 Z	10	11	12	13
14	15	16	17	18	19 D	20	21	22	23	24	25	26

Puzzle 15

Letter key (A–M, N–Z):

A~~A~~ N
B~~B~~ O
C P
D Q
E R
F S
G T
H U
I V
J W~~W~~
K X
L Y
M~~M~~ Z

Grid (clues with given letters):

18	15	19 M	8 B	22		20	23	7 A	3	3
7 A		22	7 A	4		7 A		19 M	22	22
25	7 A	10	23	7 A	26	12		7 A	9	2
4		2		1		21		5		
10	22	20	2	20		20	23	2	2	16
22			13				22			2
23	24	2	19 M	2		23	11 W	26	16	13
		13		14		16		21		7 A
21	7 A	8 B		2	6	15	7 A	13	13	1
2	17	22		16		2	11 W	2		2
12	2	11 W	13	1		16	2	21	26	21

Solution alphabet row:

1	2	3	4	5	6	7	8	9	10	11	12	13
						A	B			W		
14	15	16	17	18	19	20	21	22	23	24	25	26
					M							

Puzzle 16

Letter key (A–M, N–Z):

A N
B O~~O~~
C~~C~~ P~~P~~
D Q
E~~E~~ R
F S
G T
H U
I V
J W
K X
L Y~~Y~~
M Z

Grid (clues with given letters):

21 P	2	21 P	8 E		26	20	12	21 P	8 E	22
	17	8 E	1		20		24		14	
6	9	21 Y	2 P	11	10		16	15	20	10
			16				7		24	
16	18 C	24	6	6	8 E	13		25	15	9 Y
21 P	20	21 P	16		10		16	5	15	8 E
24	13	6		26	5	18 C	7	8 E	9 Y	16
	15		15				8 E			
16	2	19	8 E		24	20	6	4	5	13
	8 E		24		10		18 C	5	3	
23	13	5	11	18 C	5		4	8 E	8 E	15

Solution alphabet row:

1	2	3	4	5	6	7	8	9	10	11	12	13
							E	Y				
14	15	16	17	18	19	20	21	22	23	24	25	26
				C			P					

A	N		N	O
B	O			P
C	P		Q	
D	Q		R	S
E	R		S	
F	S		T	
G	T		U	
H	U		V	
I	V		W	
J	W		X	
K	X		Y	
L	Y		Z	
M	Z			

1	2	3	4	5	6	7	8	9	10	11	12	13
14	15	16	17	18	19	20	21	22	23	24	25	26
			D		N		E					S

A	N
B	O
C	P
D	Q
E	R
F	S
G	T
H	U
I	V
J	W
K	X
L	Y
M	Z

1	2	3	4	5	6	7	8	9	10	11	12	13
		B			R							O
14	15	16	17	18	19	20	21	22	23	24	25	26
						D						

19

A | N
B | O
C | P
D | Q
E | R
F | S
G | T
H | U
I | V
J | W
K | X
L | Y
M | Z

| 1 | 2 O | 3 | 4 | 5 | 6 | 7 | 8 | 9 | 10 | 11 | 12 | 13 |
| 14 | 15 | 16 | 17 | 18 P | 19 B | 20 | 21 S | 22 | 23 | 24 | 25 | 26 |

20

A | N
B | O
C | P
D | Q
E | R
F | S
G | T
H | U
I | V
J | W
K | X
L | Y
M | Z

| 1 | 2 | 3 | 4 | 5 | 6 | 7 | 8 R | 9 | 10 | 11 | 12 | 13 O |
| 14 | 15 | 16 | 17 | 18 N | 19 V | 20 | 21 | 22 | 23 | 24 | 25 | 26 |

14

2 1

A	N̶
B	O
C	P
D	Q
E̶	R
F	S
G	T
H	U
I	V
J	W̶
K	X
L̶	Y
M	Z

Grid (codeword):

Top row: 6, 26 E, 17 W, 26 E, 1 L, 26 E, 23 | 7, 13, 15
7, 23, 26 E, 13 | 26 E, 17 W, 13
20, 26 E, 26 E, 19, 7, 22 N, 14, 26 E, 8, 10
18, 3, 26 E, 24
12, 23, 9, 19, 10, 17 W, 26 E, 18, 20, 26 E
26 E, 26 E, 23, 10
4, 7, 23, 10, 26 E, 21, 16, 9, 1 L, 24
13, 25, 16, 11
5, 26 E, 4, 9, 2, 1, 26 E, 11, 7, 7
26 E, 16, 26 E, 26 E, 1 L, 13, 17 W
18, 16, 26 E, 1 L, 13, 22 N, 24, 26 E, 23, 22 N

Letter bank:
1 L	2	3	4	5	6	7	8	9	10	11	12	13
14	15	16	17 W	18	19	20	21	22 N	23	24	25	26 E

2 2

A	N
B	O̶
C̶	P
D	Q
E	R
F	S̶
G	T̶
H̶	U
I	V
J	W
K	X
L	Y
M	Z

Grid (codeword):

17, 21 C, 12 | 17, 13, 15
26, 16, 22, 22, 2, 23, 16, 12, 17, 1
3 T, 17, 2, 1, 2, 11, 12, 3 T
25, 19 O, 20, 4, 12, 12, 26, 22, 12, 2
12, 18, 19, 3 O, T, 14
3 T, 14, 19 O, 16, 3 T, 19 O, 19 O, 5, 12, 2
1, 16, 11, 7, 17
26, 12, 15, 12, 4, 2, 12, 13, 17, 13
21 C, 17, 10, 8, 4, 26, 12, 9
3 T, 24 H, 14, 19 O, 20, 4, 19 O, 4, 22, 6
19 O, 9, 13, 3 T, 12, 12

Letter bank:
1	2	3 T	4	5	6	7	8	9	10	11	12	13
14	15	16	17	18	19 O	20	21 C	22	23	24 H	25	26

Puzzle 23 — letter key

A	N
B	O̸
C	P
D̸	Q
E	R
F	S
G̸	T
H	U
I	V
J̸	W
K	X
L	Y
M	Z

Grid (given letters shown with their numbers):

14	9	11	■	18	15	5	26	11	16	19
17	25 O	8 G	■	15	■	13	■	8 G	25 O	25 O
11	19	25 O	20	14	■	10	■	21	25 O	19
3 D	■	■	■	5	14	14	■	25 O	■	■
25 O	12	4 J	5	16	19	■	24	1	18	9
22	■	1	■	■	19	11	12	■	15	11
7	5	15	14	■	13	5	11	3 D	5	21
■	■	8 G	■	5	13	23	■	■	■	11
25 O	22	13	■	2	■	25 O	25 O	6	5	3 D
3 D	25 O	5	■	5	■	21	■	11	21	5
3 D	5	14	5	21	2	5	■	8 G	11	14

Answer key boxes:

1	2	3 D	4 J	5	6	7	8 G	9	10	11	12	13
14	**15**	**16**	**17**	**18**	**19**	**20**	**21**	**22**	**23**	**24**	**25 O**	**26**

Puzzle 24 — letter key

A	N̸
B	O
C	P
D̸	Q
E̸	R
F	S
G̸	T
H	U
I	V
J	W
K	X
L	Y
M	Z

Grid (given letters shown with their numbers):

15	12	5	21	■	26 N	19	9	5	13	6 E
5	■	17	■	■	■	1	■	7 D	19	26 N
4	6 E	12	16	■	11	6 E	10	19	26 N	7 D
4	12	20 G	■	25	21	26 N	■	16	■	3
12	21	6 E	12	■	6 E	■	20 G	■	■	■
3	■	3	26 N	19	8	5	6 E	21	■	24
■	■	■	9	■	5	■	17	6 E	26 N	25
2	■	5	■	5	26 N	18	■	7 D	25	6 E
19	8	26 N	5	26 N	20 G	■	14	25	9	3
20 G	19	9	■	13	■	■	■	13	■	9
3	19	19	9	22	6 E	■	23	6 E	9	3

Answer key boxes:

1	2	3	4	5	6 E	7 D	8	9	10	11	12	13
14	**15**	**16**	**17**	**18**	**19**	**20 G**	**21**	**22**	**23**	**24**	**25**	**26 N**

25

Letter key:
A — N
B — Ø (N crossed)
C — P
D — P
E — Q
F — R
G̶ — S
H — T
I — U
J — V
K — W
L — Y
M̶ — Z

Grid (numbered cells with filled letters shown):

26 M		26 M		24 O	21	4		19	
13	21	20	18		17	14 G	11	12	18	23
21	2	24 O	26 M		14 G	24 O	24 O		6	
7	23	24 O	24 O	15	3		23	21	2	18
	24 O				2		21			
9	16	24 O	2	6		15	11	24 O	17	13
			21		1				16	
3	24 O	21	25		17	10	8	12	8	18
	26 M		12	15	18		18	10	18	16
22	12	21	16	24 O	6		13	5	18	13
	2		14 G	24 O	2		6		16	

1	2	3	4	5	6	7	8	9	10	11	12	13

14 G	15	16	17	18	19	20	21	22	23	24 O	25	26 M
G										O		M

26

Letter key:
A — N
B — O
C — P
D — Q
E̶ — R
F — S̶
G — T̶
H — U
I — V
J — W
K — X
L — Y
M — Z

Grid (numbered cells with filled letters shown):

5	10	6 E	25	23 S		4	16	4	18	6 E
2	5	11		9		23 S		21		17
26 T	5	26 T		4	3	7	22	6 E	15	6 E
6 E		8			12					3
13	6 E	6 E	24	19	6 E	23 S		1	22	26 T
		16		4		12		6 E		
8	12	6 E		25	22	6 E	19	24	6 E	24
22					13			19		22
23 S	20	12	4	1		14	23 S		5	1	6 E
6 E		16		8		4		3	5	26 T
13	22	9	9	25		24	12	14	6 E	23 S

1	2	3	4	5	6 E	7	8	9	10	11	12	13
					E							

14	15	16	17	18	19	20	21	22	23 S	24	25	26 T
									S			T

27

A N
B O
C̶ P
D̶ Q̶R̶
E̶ R̶
F S
G T
H U
I V
J W
K X
L Y
M Z

1	2	3	4	5	6	7	8	9	10	11	12	13
					D							

14	15	16	17	18	19	20	21	22	23	24	25	26
							R	E				

28

A̶ N
B O
C̶ P
D̶ Q
E R
F S
G T
H U
I V̶
J W
K X
L Y
M Z

1	2	3	4	5	6	7	8	9	10	11	12	13
							V		A			

14	15	16	17	18	19	20	21	22	23	24	25	26
		D										

18

2 9

Letter key:

A	N
B	Ø
C	P
Ø	Q
E	R̸
F	S
G	T
H	U
I	V
,J	W
K	X
L	Y
M	Z

Grid (with given letters shown):

22	2	24	24	19	■	6	1	6	25 R	13
2	■	10	■	2	■	4	6	17 D	■	6
6	10	4	2	9	■	15	19	17 D	24	26
15	■	3 O	■	4	24	17 D	■	24	■	24
10	6	18	19	■	9	24	19	17 D	24	17 D
■	■	■	6	25 R	15	7	24	■	■	■
11	15	17 D	14	24	13	■	13	6	8	21
2	■	25 R	■	6	7	23	■	18	■	19
7	13	3 O	3 O	1	■	6	9	6	5	24
7	■	20	15	24	■	20	■	21	■	10
16	15	24	10	17 D	■	24	12	24	8	13

1	2	3 O	4	5	6	7	8	9	10	11	12	13
14	15	16	17 D	18	19	20	21	22	23	24	25 R	26

3 0

Letter key:

A	N
Ø	Ø
C	P
Ø	Q
E	R
F	S
G	T
H	U
I	V
J	W
K	X
L	Y
M	Z

Grid (with given letters shown):

25	15	19 D	18	6	12	■	9	15	5	22
■	1	21	2	■	22	■	24 O	■	22	■
7	22	22	26	■	16	4	20	4	25	21
■	■	24 O	■	16	■	21	■	25	■
24 O	14	22	25	10	24 O	21	■	17 B	15	19 D
■	18	8	5	24 O	■	22	26	18	11	■
16	22	19 D	■	17 B	24 O	15	25	19 D	22	19 D
■	3	■	9	■	19 D	■	18	■	■	■
16	18	13	4	18	19 D	■	23	18	26	6
■	8	■	25	■	22	■	22	25	15	■
4	1	16	21	■	25	22	6	22	5	6

1	2	3	4	5	6	7	8	9	10	11	12	13
14	15	16	17 B	18	19 D	20	21	22	23	24 O	25	26

Puzzle 3 1

Alphabet key:
A̶ B C D̶ E̶ F G H I J K L M | N O̶ P Q R S T U V W X Y Z

15	6	18 A	19	7	■	12	4 E	4 E	3	7
17	■	1 P	4 E	18 A	■	8	■	13	■	22
4 E	5	1 P	4 E	11	7	4 E	■	10	21	1 P
15	■	6	■	16	■	19	■	18 A	■	■
26	11	4 E	4 E	7	■	7	20	6	20	7
4 E	■	■	8	■	■	■	10	■	■	1 P
16	8	4 E	18 A	21	■	24	8	20	25	4 E
■	■	9	■	18 A	■	4 E	■	22	■	4 E
23	4 E	4 E	■	2	18 A	11	23	6	4 E	16
18 A	■	8	■	20	■	15	10	4 E	■	4 E
7	17	14	4 E	8	■	4 E	11	16	4 E	16

1 P	2	3	4 E	5	6	7	8	9	10	11	12	13
14	15	16	17	18 A	19	20	21	22	23	24	25	26

Puzzle 3 2

Alphabet key:
A̶ B C D̶ E F G H I J K L M | N̶ O P Q R S T U V W X Y Z

6	8	16	4 A	19	■	6	25	16	16	19
20	■	21	19	16	■	25	16	9	■	16
23	19	12	16	1 D	■	4 A	2	4 A	10	16
4 A	■	25	■	3	4 A	7	■	2	■	5
1 D	23	18	14	■	13	16	4 A	6	16	6
■	■	■	21	24	21	22 N	12	■	■	■
8	23	19	8	13	16	■	16	13	6	16
3	■	16	■	21	22 N	22 N	■	3	■	11
6	26	4 A	19	2	■	16	17	4 A	1 D	16
16	■	24	23	15	■	4 A	21	1 D	■	24
1 D	3	18	16	6	■	19	16	6	16	18

1 D	2	3	4 A	5	6	7	8	9	10	11	12	13
14	15	16	17	18	19	20	21	22 N	23	24	25	26

20

33

Letter key (left):

Ⱥ	N
B	O
C	P̸
Ð	Q
E	R
F	S
G	T
H	U
I	V
J	W
K	X
L	Y
M	Z

Grid 33:

11 A	21	16	■	25	10	11 A	17	3	10	9 D
22	26	26	■	10	■	23	■	7	1	25
10	5	14 P	20	11 A	7	3	■	2	10	10
21				21	■	15	■	15		
26	23	4	16	15	■	21	10	7	8	10
13		17			■			10		24
10	6	23	11 A	20	■	21	14 P	17	10	10
■		3		11 A	15	■				19
3	10	15		21	19	11 A	17	20	10	15
11 A	17	10	■	21	■	20	■	26	22	10
14 P	11 A	9 D	20	26	19	12	■	18	10	9 D

Solution key:

1	2	3	4	5	6	7	8	9 D	10	11 A	12	13
14 P	15	16	17	18	19	20	21	22	23	24	25	26

34

Letter key (left):

A	N̸
B	O
C	P
D	Q
Ɇ	R
F	S̸
G	T
H	U
I	V
J	W
K	X
L	Y
M	Z

Grid 34:

12	22	19 N	3	21 E	■	10	6	22	19 N	23 S
6	■	21 E	■	6	■	18	20	4	■	1
20	18	21 E	■	14	18	21 E	25	23 S	■	26
24	26	4	■	■	15	■	■	■	22
13	21 E	6	20	21 E	15	21 E	9	20	25
■		21 E		16	21 E	19 N	■	22	■
5	22	23 S	21 E	11	25	20	19 N	12	25
18	■		13	■			4	3	21 E
22	■	17	21 E	18	2	23 S	13	3	11
7	■	22	5	3	■	22	■	22	25
21 E	6	13	3	8	■	10	22	5	21 E	23 S

Solution key:

1	2	3	4	5	6	7	8	9	10	11	12	13
14	15	16	17	18	19 N	20	21 E	22	23 S	24	25	26

35

A–Z letter key:

A | N
B | Ø (O)
C | P
Ø (D) | Q
E | R
F | S
G | T
H | U
I | V
J | W
K | X
L | Y
M | Z

Grid (Across numbers with filled-in letters): O, O, D, O, M, O, D, O, D, D, O, D, O, O, O, O, D, O, O, O

Solution key row:

1	2	3	4	5	6	7	8	9	10	11	12	13
										O		

14	15	16	17	18	19	20	21	22	23	24	25	26
						M		D				

36

A–Z letter key:

A | N
B | O
C | P
D | Q
E | R
F | S
G | T
H | U
I | V
J | W
K | X
L | Y
M | Z

Grid (filled-in letters): A, A, H, A, H, R, R, R, R, A, A, R, A, R

Solution key row:

1	2	3	4	5	6	7	8	9	10	11	12	13
									H			A

14	15	16	17	18	19	20	21	22	23	24	25	26
R												

37

14	7	3	6	9		6	7	13 B	21	20
7		4	7	21		4		18	3	17
21	11	21	15	24		3	13 B	3	8	21
18		3				22 N		16		3
18	3	25	24	13 B	7	10		21	15	15
	2			3		21			7	
21	21	18		13 B	21	25	8	23	1	21
13 B		23		19 O				15		22 N
13 B	3	22 N	26	19 O		12	3	9	21	25
21	18	9		22 N		19 O	5	21		21
25	21	20	9	20		15	21	25	23	25

1	2	3	4	5	6	7	8	9	10	11	12	13 B
14	15	16	17	18	19 O	20	21	22 N	23	24	25	26

38

	12		2	12	12		11 A	4	24	
19	16	21	21	2	6 L		25	26	21	7
	4		17	2	2		11 A	18	2	
23 D	2	6 L	26		1	9	4	2	14	23 D
	11 A		21	15	1	5		1		
22	16	2	2	21		8	11 A	20	10	9
		13		10	15	21	1		15	
18	6 L	11 A	10	2	23 D		6 L	11 A	3	5
	11 A	23 D	15		23 D	5	2		26	
2	13	2	4		6 L	2	2	4	2	23 D
	11 A	1	24		5	11 A	18		4	

1	2	3	4	5	6 L	7	8	9	10	11 A	12	13
14	15	16	17	18	19	20	21	22	23 D	24	25	26

4 1

A N
B O
C P
D Ø
Ɇ R
F S
G T
H U
I V
J W
K X
L Y
M Ƶ

1	2	3	4 Z	5	6	7	8	9	10	11	12	13 E
14	15	16	17	18	19	20 Q	21	22	23	24	25	26

4 2

A N
Ɓ O
C P
D Q
Ɇ R
F Ƨ
G T
H U
I V
J W
K X
L Y
M Z

1	2	3 S	4	5 B	6	7	8	9	10	11	12	13
14	15 E	16	17	18	19	20	21	22	23	24	25	26

Puzzle 43

Letter elimination key:

A	N̶
B	O
C	P
D	Q
E̶	R
F	S
G	T
H	U
I	V
J	W
K	X
L	Y
M̶	Z

Grid (numbers with given letters shown as number/LETTER):

26	2	25	■	15/E	12	15/E	■	18	13	15/E
3	■	15/E	■	25	2	10	■	23/M	18	1/N
21	22	15/E	7	25	15/E	24	■	18	5	5
24	■	16	■	■	■	17	■	6	■	17
■	■	2	13	15/E	1/N	1/N	15/E	15	21	21
1/N	■	9	■	5	■	14	■	9	■	24
18	9	15/E	8	3	18	24	15/E	■	■	
24	■	5	■	19	■	■	14	■	18	
17	14	15/E	■	19	18	23/M	25	5	15/E	21
4	18	24	■	15/E	11	15/E	■	3	■	20
15/E	7	15/E	■	9	15/E	12	■	15/E	5	21

Decode strip:

1	2	3	4	5	6	7	8	9	10	11	12	13
N												

14	15	16	17	18	19	20	21	22	23	24	25	26
	E								M			

Puzzle 44

Letter elimination key:

A̶	N
B̶	O
C	P
D	Q
E̶	R
F	S
G̶	T
H	U
I	V
J	W
K	X
L	Y
M	Z

Grid (numbers with given letters shown as number/LETTER):

9	20	22/E	12	■	12	■	3	■	22/E	■
■	13	25	21	■	13	4	13	14	25	16
■	19	5	26	26	18	■	9	8	6/G	■
2/B	22/E	9	■	14	21	9	13	9	22/E	16
8	■	■	11	21	14	■	15	■	■	■
16	23	8	13	25	■	12	21	8	9	20
■	■	■	17	■	25	8	6/G	■	■	8
16	13	11	13	14	5	16	■	6/G	13	2/B
■	24	21	9	■	17	22/E	10	22/E	14	■
4	13	1	5	17	6/G	■	21	17	22/E	■
■	14	■	3	■	18	■	4	22/E	13	7

Decode strip:

1	2	3	4	5	6	7	8	9	10	11	12	13
	B				G							

14	15	16	17	18	19	20	21	22	23	24	25	26
								E				

Letter tracker:

A̷ N
B O
C P̷
D Q
E R
F S
G T
H U
I V
J W
K̷ X
L Y
M Z

Grid 4 5:

21	1 A	25	17	■	1	A	3	11	5	23	21
■	7	15	15		19 P		1 A		6		■
8	21	7	1 A	18	21		23	15	9	18	
■			14				21		21		■
1 A	8	23	21	13	25	21		12	1 A	13	
10	15	21	23		15		19 P	15	24 K	21	
15	13	21		23	2	1 A	22	21	23	2	
■	1 A		23				21		■		
10	13	1 A	7		20	9	13	10	22	21	
■	16		1 A		1 A		2	15	21	■	
8	1 A	13	2	1	4		26	15	10	1 A	

Key:

1	2	3	4	5	6	7	8	9	10	11	12	13
A												

14	15	16	17	18	19	20	21	22	23	24	25	26
					P					K		

Letter tracker:

A N
B O
C P̷
D̷ Q
E R
F S
G T
H U
I̷ V
J W
K X
L Y
M Z

Grid 4 6:

4	20	21	5	25	■	6 I	24	25	16	9
21	■	17 P	21	1		19	■	16	21	24
9	22	18	12	25		8	6	17 P	17 P	11
6 I	■	11				25		24		16
14	11	19	7	22	25	18		1	21	17 P
■	26 D			19		6 I			14	■
13	25	25		23	6	24 I	14	8	25	19
21	■	15		19				6 I		25
16	11	24	24	11		10	11	23	25	18
25	21	18		3		21	18	25		2
26 D	18	21	6 I	19		3	25	26 D	12	25

Key:

1	2	3	4	5	6	7	8	9	10	11	12	13
					I							

14	15	16	17	18	19	20	21	22	23	24	25	26
			P									D

47

Key:

A	N
B	O
C	P
D̶	Q
E̶	R
F	S̶
G	T
H	U
I	V
J	W
K	X
L	Y
M	Z

Grid (numbers; revealed letters shown):

13	6	5	8	24 **E**	■	18	11	13	23	12
17	■	25 **S**	12	3	■	11	■	17	13	3
20	11	25 **S**	23	5	2	24 **E**	■	24 **E**	10	24 **E**
24 **E**	■	11	■	23	■	24 **E**	■	15	■	■
2	22	24 **E**	7	25 **S**	■	4	13	25 **S**	24 **E**	9 **D**
23	■	■	12	■	■	■	6	■	■	13
25 **S**	19	11	21	25 **S**	■	5	9 **D**	6	24 **E**	9 **D**
■	■	21	■	11	■	1	■	15	■	26
26	5	26	■	21	24	12	6	5	16	24 **E**
12	21	24 **E**	■	6	■	26	5	4	■	21
19	24 **E**	25 **S**	14	15	■	24 **E**	9 **D**	26	24 **E**	25 **S**

1	2	3	4	5	6	7	8	9 **D**	10	11	12	13
14	15	16	17	18	19	20	21	22	23	24 **E**	25 **S**	26

48

Key:

A	N
B	O̶
C	P
D̶	Q
E	R̶
F	S
G	T
H	U
I	V
J	W
K	X
L	Y
M	Z

Grid (numbers; revealed letters shown):

1	14 **R**	5	■	1	18	17	16 **O**	23	16 **O**	18
5	16 **O**	16 **O**	■	26	■	1	25	16 **O**	■	1
1	25 **D**	5	10	4	■	20	9	14 **R**	6	11
3	■	■	■	10	■	■	10	■	■	
10	12	11	■	22	2	10	3	3	9	13
26	■	9	■	2	■	26	■	16 **O**	■	9
7	16 **O**	18	24	9	14 **R**	13	■	26	2	4
■	■	20	■	■	20	■	■	■	4	
21	2	10	17	9	■	9	8	17	9	18
16 **O**	■	26	16 **O**	15	■	17	■	16 **O**	14 **R**	9
19	10	7	7	9	13	4	■	20	1	25 **D**

1	2	3	4	5	6	7	8	9	10	11	12	13
14 **R**	15	16 **O**	17	18	19	20	21	22	23	24	25 **D**	26

Puzzle 49 — letter key

A	N (N)
B	O
C	P
D	Q
E	R
F	S
G	T
H	U
I (I)	V
J	W
K	X
L	Y
M	Z

Grid:

10	25	20	4	■	12	14	13	3	14	2 (N)
18	■	23 (I)	■	■	13	■	13	■	■	19
14	25	15	4	■	3	18	19	16	23 (I)	24
14	■	23 (I)	■	21	23 (I)	4	■	16	■	5
11	23 (I)	2 (N)	19	■	10	■	8			
19	■	23 (I)	2 (N)	4	5	19	25	22	■	6
		■	22		25	■	26	25	7	19
14	■	26		2 (N)	23 (I)	3	■	23 (I)		11
22	23 (I)	19	4	19	6	■	15	2 (N)	19	19
22	■	2 (N)	■	1	■	■	■	5	■	6
4	17	13	25	4	21	■	19	9	19	4

Solution key:

1	2 (N)	3	4	5	6	7	8	9	10	11	12	13
14	15	16	17	18	19	20	21	22	23 (I)	24	25	26

Puzzle 50 — letter key

A	N
B	O
C (P)	P
D	Q
E	R
F	S
G (G)	T
H	U
I	V
J	W
K	X
L	Y
M	Z

Grid:

14	■	3	■	4	3	14	■	21	■	13
2	5	10	■	5	■	24 (P)	8	19	10	5
7	■	1	■	1	26	9	■	14	■	12
24 (P)	3	17	24 (P)	12	7	■	10	7	18	2
■	■	19	■	22	17	9	■	■	■	7
24 (P)	5	24 (P)	■	3	■	8	■	14	19	25
8			■	12	19	24 (P)	■	15	■	
21	19	6	7	■	14	24 (P)	5	3	2	14
11	■	7	■	14	11	8	■	7	■	8
19	20	19	16	7	■	10	■	19	10	25
18	■	12	■	7	23 (G)	23 (G)	■	11	■	7

Solution key:

1	2	3	4	5	6	7	8	9	10	11	12	13
14	15	16	17	18	19	20	21	22	23 (G)	24 (P)	25	26

Puzzle 5 | 1

Letter key:
A N
B O
C P
D Q
E R
F S
G̶ T
H V̶
I V
J W
K X
L Y
M Z

Grid (with given letters):

16		20		8		11		4		5
11	4	3	1	13		25(U)	9	10	22	4
7		1		14	13	24		2		4
9	13	16	23		17	4	1	13	17	11
6				5	4	21		4		
7	17	18		20		13		21	25(U)	4
		9		4	22	16				19
11	17	20	5	22	4		3	4	9	25(U)
13		15		21	4	26		12(G)		7
11	2	4	16	4		7	9	12(G)	4	22
4		16		17		23		16		16

Solution key:

1	2	3	4	5	6	7	8	9	10	11	12	13
											G	
14	15	16	17	18	19	20	21	22	23	24	25	26
											U	

Puzzle 5 | 2

Letter key:
A̶ N̶
B O
C P
D Q
E R
F S
G T
H U
I V
J W
K X
L Y
M Z

Grid (with given letters):

4	9(A)	6		21	13	11	23	10	24	26
15		9(A)		5		13		19		2
9(A)	15	4	5	17		13	2	10	8	9(A)
1				4			18(N)			
16	11	10		15	16	22	5	16	6	26
18(N)		25		10		5		18(N)		16
14	8	9(A)	18(N)	6	2	9(A)		14	24	17
		17				8				16
11	7	16	10	3		12	20	16	8	15
13		18(N)		13		10		18(N)		9(A)
2	8	10	26	10	18(N)	12		18(N)	13	8

Solution key:

1	2	3	4	5	6	7	8	9	10	11	12	13
								A				
14	15	16	17	18	19	20	21	22	23	24	25	26
				N								

30

53

Letter key:

A	N
B	O
C	~~P~~
D	Q
~~E~~	R
F	S
G	T
H	U
I	V
J	W
K	X
L	Y
M	Z

Grid:

23 P	25 E	16	1	12	■	25 E	9	24	5	23 P
25 E	■	12	■	24	■	8	■	21	■	25 E
7	24	5	21	10	■	16	12	5	3	25 E
16	■	25 E	■	■	■	18	■	2	■	19
21	15	21	4	2	15	23 P	■	25 E	12	4
■	20	■	■	11	■	12	■	■	5	■
25 E	12	26	■	25 E	13	25 E	7	2	25 E	22
22	■	1	■	16	■	■	■	15	■	16
10	12	15	16	2	■	18	15	20	25 E	22
25 E	■	17	■	25 E	■	15	■	25 E	■	22
4	2	25 E	25 E	1	■	6	25 E	1	1	14

1	2	3	4	5	6	7	8	9	10	11	12	13

14	15	16	17	18	19	20	21	22	23	24	25	26
									P		E	

54

Letter key:

A	N
B	O
C	P
D	Q
E	R
F	S
G	T
~~H~~	U
I	~~V~~
J	W
K	X
L	Y
M	Z

Grid:

■	17 H	■	11	■	11	■	24	18	26	2
22	18	16	18	26	9	■	6	5	5	
■	14 V	■	7	■	11	5	24	13	1	22
20	13	2	9	18	1	■	5	2	1	25
25	■	5	■	21	13	13	26	■	■	
13	7	11	26	18	■	18	6	18	3	13
■	■	5	26	13	22	■	19	■	24	
23	9	13	22	■	4	13	8	5	6	13
18	20	14 V	13	26	4	■	1	■	13	■
1	13	13	■	13	15	12	18	1	22	
6	18	22	10	■	20	■	13	■	11	

1	2	3	4	5	6	7	8	9	10	11	12	13

14	15	16	17	18	19	20	21	22	23	24	25	26
V			H									

55

Alphabet key:
A N
B O / Ø
C P
D Q
E R / Ŕ
F S
G T
H U
I V
J W
K X
L Y
M Z

Grid (across rows):

26	4	6		24	11	22	10	26	13	22
14		1 O		11		8		1 O		23
4	26	1 O	5 R	11		23		7	1 O	6
5 R				10	5 R	4		9		
7	4	21	1 O	5 R		16	10	25	4	17
	16	10	11				19	10	13	
6	1 O	20	10	16		2	1 O	12	10	22
		10		1 O	20	25				13
10	10	25		18		24	19	25	1 O	1 O
3		10		10		9		24		26
10	5 R	5 R	4	11	16	22		10	25	15

Solution box:

1	2	3	4	5	6	7	8	9	10	11	12	13
O				R								
14	15	16	17	18	19	20	21	22	23	24	25	26

56

Alphabet key:
A N
B O
C P
D / Ø Q
E R
F S
G T
H U
I V
J W
K X
L Y
M / Ẏ Z

Grid (across rows):

1	8	25	21	17		22	10	20	1	11
6		4		10		8		21		21
19	16	13 D	10 M	23		1	9	4	10	26
3		26		7	1	6		20		1
23	21	5	18		15	1	11	18	1	18
			23	7	1	18	1			
3	11	19	5	21	20		22	10	11	1
21		4		19	23	1		13 M		24
13 D	10	20	21	11		2	11	19	12	1
1		23		16 D		2		2		3
23	19	18	14	18		18	8	1	26	23

Solution box:

| 1 | 2 | 3 | 4 | 5 | 6 | 7 | 8 | 9 | 10 | 11 | 12 | 13 M |
| 14 | 15 | 16 D | 17 | 18 | 19 | 20 | 21 | 22 | 23 | 24 | 25 | 26 |

Puzzle 5 7

A	N
B	O
¢	P
D	Q
E	R
F	S
G	T
H	U
I	V
J	W
K	X
L	¥
M	Z

Grid clues (numbered cells):

Row 1: 6, 24, 26, 8, 23, 7
Row 2: 14, 10, 18, 25, 3, 22, 9, 7, 19
Row 3: 22, 19, 10, 26, 10, 19, 19, 2
Row 4: 1, 22, 25, 4, 26, 4, 5, 10, 25, 26
Row 5: 26, 26, 16
Row 6: 18, 25, 11, 25, 4, 13, 25, 25, 5, 4
Row 7: 21, 20 (C), 25
Row 8: 6, 25, 19, 22, 7, 15, 8, 17 (Y), 25, 5
Row 9: 9, 10, 20, 17 (C Y), 20 (C), 7, 9, 17 (Y)
Row 10: 16, 10, 6, 9, 16, 12, 22, 16, 25
Row 11: 20 (C), 4, 26, 17 (Y), 25, 17 (Y)

Key grid:

1	2	3	4	5	6	7	8	9	10	11	12	13

14	15	16	17 (Y)	18	19	20 (C)	21	22	23	24	25	26

Puzzle 5 8

A	N
B	Ø
C	P
Ø	Q
E	R
F	S
G	T
H	U
I	V
J	W
K	X
L	Y
M	Z

Grid clues (numbered cells):

Row 1: 5 (D), 24, 10, 15, 10, 17, 18, 6, 6, 13
Row 2: 22, 16, 19, 3, 18
Row 3: 10, 20, 12 (O), 19, 10, 11, 7, 6, 14, 2
Row 4: 24, 19, 8, 2
Row 5: 1, 24, 12 (O), 22, 13, 6, 5 (D), 26, 10, 4
Row 6: 20, 10, 18, 10
Row 7: 19, 10, 4, 25, 19, 12 (O), 2, 9, 21, 4
Row 8: 10, 7, 23, 7
Row 9: 16, 24, 12 (O), 25, 19, 6, 15, 16, 7, 6
Row 10: 6, 5 (D), 10, 12 (O), 19
Row 11: 19, 12 (O), 5 (D), 20, 6, 13, 12, 2, 6, 5 (D)

Key grid:

1	2	3	4	5 (D)	6	7	8	9	10	11	12 (O)	13

14	15	16	17	18	19	20	21	22	23	24	25	26

59

A | N Ø
B | O
C Ø | P
D | Q
E | R
F | S
G | T
H | U
I | V
J | W
K | X
L | Y
M | Z

1	2	3	4	5	6	7	8	9 O	10	11	12	13
14	15	16 D	17	18	19	20	21	22	23	24	25	26

60

A | N
B | O
C | P
D | Q
E | R
F | S
G | T
H I | U
I | V
J | W
K | X
L | Y
M | Z

1	2	3	4	5	6	7	8	9	10	11	12	13
14 Y	15	16	17 H	18	19	20	21	22	23	24	25	26

34

61

A	N
B	O
C	P
D	Q
E	R
F	S
~~G~~	T
H	U
I	V
J	W
K	X
L	Y
~~M~~	Z

■	13	8	22	■	13	■	23	■	14	■
15	2	2	1	■	26	2	20	13	3	16
■	1	12	13	22	14	■	22	■	13	■
10	2	17	■	11 G	20	12	14	6	22	6
2	■	■	25 M	2	10	■	3	■	■	■
2	12	13	3	13	■	25 M	22	14	11 G	22
■	■	■	13	■	16	2	6	■	■	21
24	22	13	18	19	20	1	■	6	4	22
■	17	■	12	■	18	22	5	22	22	■
9	12	26	7	22	18	■	12	1	1	4
■	25 M	■	22	■	4	■	18	3	5	■

1	2	3	4	5	6	7	8	9	10	11 G	12	13
14	15	16	17	18	19	20	21	22	23	24	25 M	26

62

A	N
B	O
C	P
D	Q
E	R
F	S
~~G~~	T
H	U
I	V
J	W
K	X
L	Y
~~M~~	Z

1	4	1	20	11	10	■	11	12	18	24
■	21	■	7	■	11	■	12	■	5	■
3	12	13	11	■	12	13	9	7	15 M	10
■	■	■	15 M	■	2	■	10	■	22	■
5	9	8	1	18	11	10	■	26	13	25
■	2	7	14 G	■	■	■	10	1	1	■
19	21	14 G	■	18	5	20	11	1	17	11
■	16	■	26	■	7	■	5	■	■	■
11	7	20	21	20	14 G	■	23	21	26	1
■	1	■	2	■	3	■	1	■	5	■
21	11	1	15 M	■	11	21	6	21	1	2

1	2	3	4	5	6	7	8	9	10	11	12	13
14 G	15 M	16	17	10	19	20	21	22	23	24	25	26

63

Alphabet key:
A N
B O
¢ P
D Q
E R$
F $
G T
H U
I V
J W
K X
L Y
M Z

Grid (clued entries shown with given letters):

17	23	20	13 S		6	8	15	15	22	13 S
21		24				24		24		1
11	21	18	1		21	13 S	11	19	21	3
		18		26		1			12	
26	14	2		4	24	23	7	7	26	2
26		15		24		26		23		24
18	15	9	25	21	10	13 S		22	19	15
	21			18		11		22		
13 S	11	21	11	23	5 C		16	23	26	6
21		19		11				14		8
2	26	5 C	15	3	13 S		24	9	18	3

Answer key:
| 1 | 2 | 3 | 4 | 5 C | 6 | 7 | 8 | 9 | 10 | 11 | 12 | 13 S |
| 14 | 15 | 16 | 17 | 18 | 19 | 20 | 21 | 22 | 23 | 24 | 25 | 26 |

64

Alphabet key:
A N
B O
C P
D Q
E≠ R$
F $
G T
H U
I V
J W
K X
L Y
M Z

Grid (clued entries shown with given letters):

15	20	24	10		16	7	20	16	16	6
	12 S		17		4		1		13	
26	5 E	4	22	5 E	19		7	17	17	10
			4			6			18	
8	17	22	22	4	1	5 E		17	3	5 E
20		26	17	10		7	17	18		3
5 E	11	5 E		22	20	25	2	7	5 E	19
	5 E		7				9			
4	23	7	5 E		12 S	3	5 E	5 E	21	5 E
	5 E		5 E		14		8		24	
4	12 S	22	13	4	6		22	4	10	12 S

Answer key:
| 1 | 2 | 3 | 4 | 5 E | 6 | 7 | 8 | 9 | 10 | 11 | 12 S | 13 |
| 14 | 15 | 16 | 17 | 18 | 19 | 20 | 21 | 22 | 23 | 24 | 25 | 26 |

6 5

25	20	4	■	24	14	24	5	4	25	8
21	■	17	■	12 **G**	■	3	■	20	■	20
21	4	24	23	12 **G**	2	19	9	24	3	
24	■	■	■	24	■	4	■	23	■	■
22	25	16	24	1	■	20	4	25	26	20
16	■	13 **Q**	■	■	■	■	■	15	■	22
24	13 **Q**	17	23	10	■	11	2	23	22	20
■	20	■	2	■	15	■	■	■	15	
16	23	4	■	25	9	24	4	6	25	14
20	■	24	■	19	■	4	■	25	■	7
10	20	1	15	25	11	18	■	5	14	24

1	2	3	4	5	6	7	8	9	10	11	12 **G**	13 **Q**
14	15	16	17	18	19	20	21	22	23	24	25	26

6 6

9	4	25	4	2	■	19 **C**	26	7	4	1
14	■	14	■	4	■	26	■	15	■	15
10	14	21	■	13	22	6	5	16	■	24
4	■	23	■	■	■	9	■	■	■	13
1	23	6	14	9	4	1	■	3	26	20
■	■	4	■	6	■	4	■	14	■	■
19 **C**	26	13	■	5	6	1	15	19 **C**	14	2
9	■	■	■	5	■	■	■	17	■	4
14	■	1	19 **C**	14	9	8 **F**	■	14	16	4
5	■	17	■	12	■	4	■	2	■	9
1	4	15	11	4	■	18	14	1	16	1

1	2	3	4	5	6	7	8 **F**	9	10	11	12	13
14	15	16	17	18	19 **C**	20	21	22	23	24	25	26

67

A N
B O
C P
D Q
E R
F S
G T
H U
I V
J W
K X
L Y
M Z

Grid (across rows):

20		2 E		4		5		16		7
14	15	19	7	9		3	22	13	16	2 E
10		19		2 E	25	2 E		14		3
12	4	16	9		2 E	17	7	14	2 E	6 D
15				4	1	2 E		8		
23	15	19		11		6 D		2 E	23	21
		15		14	18	2 E				13
15	13	22	24	15	2 E		12	4	6 D	2 E
3		9		13	2 E	18		6 D		4
19	22	4	13	9		2 E	13	6 D	2 E	6 D
2 E		3		16		26		16		16

| 1 | 2 E | 3 | 4 | 5 | 6 D | 7 | 8 | 9 | 10 | 11 | 12 | 13 |
| 14 | 15 | 16 | 17 | 18 | 19 | 20 | 21 | 22 | 23 | 24 | 25 | 26 |

68

A N
B O
C P
D Q
E R
F S
G T
H U
I V
J W
K X
L Y
M Z

Grid (across rows):

6 F	7	3		1	8	21	25	12	4	17
15		25		25		8		15		3
21	8	5	10	13		12	25	26	9	15
19 W				10				25		
25	21	18		7	26	20	17	26	10	5
21		15		2		7		22		16
1	15	26	14	17	13	5		25	23	17
		11				7				25
10	16	8	2	12		15	6 F	6 F	17	21
15		17		15		26		17		17
24	25	21	4	15	21	5		19 W	17	1

| 1 | 2 | 3 | 4 | 5 | 6 F | 7 | 8 | 9 | 10 | 11 | 12 | 13 |
| 14 | 15 | 16 | 17 | 18 | 19 W | 20 | 21 | 22 | 23 | 24 | 25 | 26 |

Puzzle 69 — letter tracker:

A	N
B	O
C	P
D̸	Q
E̸	R
F	S
G	T
H	U
I	V
J	W
K	X
L	Y
M	Z

Grid 69 (cell numbers with given letters):

Row 1: 20, 25, 4=E, 7, 13, ▓, 9, 21, 19, 4=E, 20
Row 2: 16, ▓, 6, ▓, 23, 12, 26, ▓, 21, ▓, 1
Row 3: 7, 23, 21, 13, 22=D, ▓, 4=E, 4=E, 7, 12, 4=E
Row 4: 21, ▓, 8, ▓, ▓, ▓, 8, ▓, 7, ▓, 26
Row 5: 11, 4=E, 26, 12, 9, 8, 13, ▓, 23, 8, 10
Row 6: ▓, 17, ▓, ▓, 7, ▓, 4=E, ▓, ▓, 2, ▓
Row 7: 3, 23, 17, ▓, 23, 7, 22=D, 4=E, 7, 4=E, 22=D
Row 8: 21, ▓, 8, ▓, 0, ▓, ▓, ▓, 8, ▓, 12
Row 9: 14, 23, 21, 25, 1, ▓, 22=D, 23, 15, 4=E, 20
Row 10: 11, ▓, 17, ▓, 4=E, 5, 4=E, ▓, 23, ▓, 24
Row 11: 20, 26, 4=E, 4=E, 25, ▓, 18, 23, 7, 24, 20

Decoder 69:

1	2	3	4 E	5	6	7	8	9	10	11	12	13
14	15	16	17	18	19	20	21	22 D	23	24	25	26

Puzzle 70 — letter tracker:

A̸	N
B	O
C	P̸
D	Q
E	R
F	S
G	T
H	U
I	V
J	W
K	X
L	Y
M	Z

Grid 70 (cell numbers with given letters):

Row 1: ▓, 15, ▓, 16, ▓, 24, ▓, 18, 8, 10, 21
Row 2: 15, 23, 26, 9, 24, 5, ▓, ▓, 24, 16, 16
Row 3: ▓, 8, ▓, 24, ▓, 8, 9, 17, 26, 9, 25
Row 4: 13, 3=A, 3=P, 26, 13, 10, ▓, 26, 25, 20, 26
Row 5: 25, ▓, 8, ▓, 19, 8, 9, 11, ▓, ▓, ▓
Row 6: 16, 3=P, 26, 4, 13, ▓, 23, 17, 17, 26, 4
Row 7: ▓, ▓, 13=A, 4, 8, 25, ▓, 16, ▓, 26
Row 8: 14, 3=P, 13=A, 9, ▓, 22, 26, 14, 17, 26, 25
Row 9: 24, 23, 24, 7, 16, 16, ▓, 8, ▓, 6, ▓
Row 10: 13=A, 4, 26, ▓, ▓, 4, 13=A, 2, 2, 26, 14
Row 11: 1, 26, 14, 17, ▓, 12, ▓, 26, ▓, 14

Decoder 70:

1	2	3 P	4	5	6	7	8	9	10	11	12	13 A
14	15	16	17	18	19	20	21	22	23	24	25	26

7 1

Alphabet key (letters struck indicate used):

A N̶
B O
C P
D Q
E R
F S̶
G T
H U
I V
J W
K X
L Y
M Z

Grid (numbers with given letters):

7 S	11	18	■	11	8 N	22	17	14	25	18
22	■	14	2	■	21	■	5	■	23	
23	1	26	11	6	■	11	20	11	13	8 N
8 N	■	■	■	23	6	15	■	18	■	
10	11	21	16	7 S	■	10	21	13	14	7 S
■	4	17	14	■	■	23	8 N	3	■	
15	23	26	3	7 S	■	23	3	20	23	7 S
■	■	9	■	13	8 N	8 N	■	■	11	
11	24	11	19	23	■	12	26	24	16	7 S
13	■	21	■	20	■	14	■	11	7 S	
21	26	9	9	23	21	18	■	8 N	11	18

Decoder:

1	2	3	4	5	6	7 S	8 N	9	10	11	12	13
14	15	16	17	18	19	20	21	22	23	24	25	26

7 2

Alphabet key:

A N
B O
C P
D Q
E R
F S
G T
H U
I̶ V
J W
K X
L̶ Y
M Z

Grid (numbers with given letters):

22	15	21	17	■	15	24	17	20	24	25
6	■	11 I	■	■	1	■	16	■	22	
9	19	1	3	■	17	20	26	19	6	3
22	■	3	■	12	5	16	■	10	■	24
17	5	22	15	■	11 I	■	11 I	■	■	
12	■	21	22	8	8	11 I	6	14	■	4
■	■	■	14	■	12	■	3	11 I	18 L	16
13	■	14	■	8	18 L	7	■	2	■	11 I
22	6	26	22	18 L	7	■	15	11 I	18 L	18 L
11 I	■	19	■	24	■	■	■	6	■	24
23	24	4	26	19	17	■	19	14	24	25

Decoder:

1	2	3	4	5	6	7	8	9	10	11 I	12	13
14	15	16	17	18 L	19	20	21	22	23	24	25	26

40

73

Letter key:

A	N
B	O
C	P
D	Q
E	R
F̶	S
G	T
H	U
I	V
J	W
K	X
L̶	Y
M	Z

Grid:

8	26	6	15	11	■	20	15	6	8	24
15	■	24	■	14	■	26	■	25 L	■	25 L
11	21	19	6	21	8	19	■	26	23	25 L
21	■	13	■	24	■	15	■	26	■	■
18	26	26	15	1	■	1	21	18	16	9
15	■	■	25 L	■	■	■	11	■	■	24
11	10	17	12 F	12 F	■	16	15	2	24	19
■	■	19	■	21	■	24	■	5	■	22
15	19	1	■	8	24	4	17	26	25 L	17
25 L	■	15	■	8	■	15	■	17	■	19
11	17	7	10	9	■	11	5	8	21	3

1	2	3	4	5	6	7	8	9	10	11	12 F	13
14	15	16	17	18	19	20	21	22	23	24	25 L	26

74

Letter key:

A	N
B	O
C	P
D	Q
E	R
F	S
G	T
H	U
I	V
J	W̶
K	X
L	Y
M	Z̶

Grid:

4	16	18	26	7	■	19	20	7	26	25
1	■	17 W	■	18	■	23	■	15	■	26
11 Z	16	16	22	1	13	6	■	23	25	13
11 Z	■	■	■	10	■	■	■	20	■	26
9	26	7	■	10	20	4	■	17 W	16	17 W
■	■	8	23	26	■	26	19	12	■	■
7	26	20	■	25	26	14	■	7	20	4
8	■	25	■	■	■	1	■	■	■	23
25	20	3	■	26	24	21	19	20	1	22
23	■	26	■	6	■	26	■	6	■	3
2	20	13	5	16	■	7	8	16	17 W	9

1	2	3	4	5	6	7	8	9	10	11 Z	12	13
14	15	16	17 W	18	19	20	21	22	23	24	25	26

41

Puzzle 75 — Letter key

A	N
B̸	O
¢	P
D	Q
E̸	R
F	S
G	T
H	U
I	V
J	W
K	X
L	Y
M	Z

Grid (■ = shaded square; letters shown are given clues):

4	23 (E)	19	3	■	■	20	2	23 (E)	17	20	9
19	■	21	■	■	■	8	■	12	■	19	■
2	19	21	23 (E)	■	15	20	10	11	1	16	
■	■	5	■	25	■	23 (E)	■	■	■	■	
25	20	10	■	5	24	23 (E)	1	6	5	16	
16	■	12	■	1	■	14	■	19	■	12	
23 (E)	22	19	21	12	10	23 (E)	■	26 (C)	19	18	
■	■	■	10	■	13	■	3	■	■		
2	15	1	20	11	2	■	23 (E)	18	12	26 (C)	
23 (E)	■	19	■	9	■	■	■	5	■	5	
19	9	4	19	16	2	■	2	7	23 (E)	18	

Solution boxes:

1	2	3	4	5	6	7	8	9	10	11	12	13
14	15	16	17	18	19	20	21	22	23 (E)	24	25	26 (C)

Puzzle 76 — Letter key

A	N
B	O
C	P
D	Q
E	R
F	S
G	T
H	U
I	V̸
J	W
K	X
L	Y
M̸	Z

Grid (■ = shaded square; letters shown are given clues):

■	1	20	4	■	4	■	10	■	10	■
26	25	15	12	■	6	18	17	12	17	6
■	4	15	14	5	18	■	8	■	18	■
22	5	14	■	23 (V)	20	6	11	11	7 (M)	4
17	■	■	16	5	16	■	18	■	■	
24	14	15	25	24	■	3	5	8	11	24
■	■	■	4	■	4	25	21	■	17	
13	1	5	12	1	5	18	■	15	20	3
■	20	■	5	■	17	24	21	5	19	
9	11	20	18	12	2	■	14	5	15	15
■	15	■	4	■	5	■	5	18	5	■

Solution boxes:

1	2	3	4	5	6	7 (M)	8	9	10	11	12	13
14	15	16	17	18	19	20	21	22	23 (V)	24	25	26

7 7

A	N
B	O
C	P
D	Q ~~R~~
E	R
F	S
G	T
H	U
I	V
J	W
K	X
L	Y
M	~~Z~~

Grid 77:

10	12	16	3	5		15	3	21 R	13	4
21 R		2		19		19	12		12	
3	18	19	6	8		5	23	7 Z	3	22
26		24		3	20	20		23		13
2	23	11	23		2	3	12	21 R	16	26
				9	23	23	5	26		
17	6	22	3	22	26		2	6	1	3
12		12		0	10	20		22		21 R
16	3	24	8	23		9	6	5	3	21 R
14		3		22		12		3		3
2	19	26	13	26		11	23	25	3	5

1	2	3	4	5	6	7 Z	8	9	10	11	12	13
14	15	16	17	18	19	20	21 R	22	23	24	25	26

7 8

A	N
B	O
C	P
D	Q
E	R
F	S
G	T
H	U
I	V
J	W
K	X
L	Y
M	~~Z~~

Grid 78:

22	25	18	9	1	17		7 L	24	2	19
	10		18		8		18		18	
24	5	19	17		24	24	23 Z	4	5	13
			3		1		16		9	
14	4	6	19	5	19	6		2	18	16
	5	24	14				24	18	1	
14	19	19		3	25	8	26	7 L	19	6
	11		9		17		20			
17	18	15	18	10	4		19	5	12	16
	9		8		5		9		4	
17	21	24	2		13	18	21	3	19	10

1	2	3	4	5	6	7 L	8	9	10	11	12	13
14	15	16	17	18	19	20	21	22	23 Z	24	25	26

A	N
B	O
C	P
D	Q
E	R̸
F	S
G	T
H̸	U
I	V
J	W
K	X
L	Y
M	Z

Grid (79) — across top row: 1, 15, 17, 4, 8(S), 6, 15, 21, 16, 23

1	15	17	4	8 **S**		6	15	21	16	23
26		26		12		24		2		16
2	24	22	22	17	16	7		15	26	18
20		16		14		10		19		
24	12	8 **S**	16	4		16	26	8 **S**	16	17
16			25				8 **S**			15
4	16	12	16	16		4	11 **H**	23	15	1
	14		13		26		16		8 **S**	
8 **S**	11 **H**	16		5	15	3	12	26	5	4
21		5		16		16		7		16
14	7	16	26	17		8 **S**	11 **H**	9	16	23

1	2	3	4	5	6	7	8 **S**	9	10	11 **H**	12	13
14	15	16	17	18	19	20	21	22	23	24	25	26

A	N̸
B	O
C	P
D	Q
E	R̸
F	S
G	T
H	U
I	V
J	W
K	X
L	Y
M	Z

Grid (80):

10	21 **R**	3	17		16	25	15	6	5	8
	9		3		25		9		3	
3	10	8	19 **N**	11	13		23	25	26	13
			3				6		8	
11	3	6	19 **N**	3	1	15		3	21 **R**	22
25		7	3	15		18	3	12		9
1	21 **R**	25		18	3	13	5	25	23	6
	8		19 **N**				17			
12	3	2	8		15	4	20	3	21 **R**	8
	11		3		5		14		8	
6	18	9	21 **R**	6	13		15	3	24	8

1	2	3	4	5	6	7	8	9	10	11	12	13
14	15	16	17	18	19 **N**	20	21 **R**	22	23	24	25	26

8 1

Letter key:

A	N
B	O
C	P
D	Q
E	R
F	S
G	T
H	U
I	V
J	W
K	X
L	Y
M	Z

(Given: 19 = N, 4 = U)

Grid:

20	21	18	21	19 N	■	17	21	8	6	16
3	■	14	■	21	■	1	■	21	■	21
21	12	6	7	22	16	13	■	20	4 U	11
16	■	■	■	9	■	■	■	14	■	5
25	14	23	■	5	9	19 N	■	24	4 U	19 N
■	■	6	14	1	■	4 U	1	19 N	■	■
26	14	19 N	■	26	14	8	■	20	21	21
21	■	2	■	■	■	24	■	■	■	10
13	5	4 U	■	8	1	14	15	15	16	21
21	■	21	■	6	■	19 N	■	5	■	7
8	6	22	21	8	■	24	3	5	20	22

Solution grid:

1	2	3	4 U	5	6	7	8	9	10	11	12	13
14	15	16	17	18	19 N	20	21	22	23	24	25	26

8 2

Letter key:

A	N
B	O
C	P
D	Q
E	R
F	S
G	T
H	U
I	V
J	W
K	X
L	Y
M	Z

(Given: 14 = G, 25 = D)

Grid:

5	19	20	5	3	■	26	1	16	25 D	3
1	■	16	■	19	■	24	■	7	■	13
9	19	9	■	24	24	10	■	12	17	19
16	■	16	■	■	■	1	■	■	■	1
2	17	20	5	10	24	18	■	21	16	15
■	■	19	■	17	■	24	■	26	■	■
14 G	12	20	■	14 G	1	25 D	14 G	24	15	3
1	■	■	■	11	■	■	■	16	■	16
22	1	14 G	■	1	8	24	■	14 G	1	14 G
24	■	24	■	20	■	6	■	4	■	9
3	24	24	23	3	■	6	16	15	24	3

Solution grid:

1	2	3	4	5	6	7	8	9	10	11	12	13
14 G	15	16	17	18	19	20	21	22	23	24	25 D	26

45

Puzzle 83

Letter key:
A N
B O
C P
D Q
E R/$
F S
G T
H U
I V
J W
K X
L Y
M Z

Grid (across rows):

6	7	23	10	1	26 S		22	20	21	18
	1		1		13		26 S		22	
15	23	13	2		20	7	1	8	5	1
	26 S		21				15		14	
17	14	21		23	8	19	22	26 S	12	26 S
		15	21	16 X		1	7	25		
2	1	15	7	1	9	12		13	9	3
	24		8				26 S		23	
14	22	5	1	7	3		20	1	2	11
	13		26 S		23		13		4	
26 S	20	21	12		25	13	18	8	1	2

Solution key:

1	2	3	4	5	6	7	8	9	10	11	12	13

14	15	16 X	17	18	19	20	21	22	23	24	25	26 S
		X										S

Puzzle 84

Letter key:
A N
B O
C P
D Q
E R
F S
G T
H U
I V
J W
K X
L Y
M Z

Grid (across rows):

3	13	12	24	17	20	4		14	8	5
17		23		12		20		15		19
22	15	13		14	20	15	4	13	18	24
		17			14		16		5	
2	5	4	5	20	17	25		4	13	16
20				15		5			24	
5	1 G	1 G		9	8	24	16	5	12	12
24		20		10				7		
2	25	17	26	15	20	12		5	25	6 K
13		21		17		17		18		5
25	8	5		24	8	1 G	11	24	25	22

Solution key:

1 G	2	3	4	5	6 K	7	8	9	10	11	12	13
G					K							

14	15	16	17	18	19	20	21	22	23	24	25	26

46

Puzzle 85

Alphabet key:

A	N
B	O
C	P
D	Q
E	R
F	S
G	T
H	U
I	V
J	W
K	X
L	Y
M	Z

Grid (across rows):

23	6	14	16	13		16	14	22	20	26
6		16		6	17	16		18		6
13	23	6	10	3		14	12	1	24	3
3		15		12				14		7
13	18	16		13	7	10	16	16	7	24
	10			4		12			20	
16	11 N	19	20	8	16	2		3	20	11 N
21		20				2		20		8
18	11 N	12	3	13		14	6	5	16	14
12		11 N		20	10	16		6		20
5	16	13	25	8		2	20	9 Z	16	11 N

Solution key:

1	2	3	4	5	6	7	8	9 Z	10	11 N	12	13
14	15	16	17	18	19	20	21	22	23	24	25	26

Puzzle 86

Alphabet key:

A	N
B	O
C	P
D	Q
E	R
F	S
G	T
H	U
I	V
J	W
K	X
L	Y
M	Z

Grid (across rows):

	6		10		2		1	2	13	2
22	3	16	8	15	17			3	6	5 W
	14		14		1	22	20	3	6	24
15	17	22	19	21	6		22	15	19	15
6		21		22	20	12	9			
5	22	21	17	18 Z		8	15	14	24	23
W			9	6	22	15		20		14
15	24	22	19		13	6	25	11	2	24
17	8	4	6	3	2		8		22	
2	3	6			26	6	20	14	7	9
19	6	15	17		6		6		15	

Solution key:

1	2	3	4	5 W	6	7	8	9	10	11	12	13
14	15	16	17	18 Z	19	20	21	22	23	24	25	26

47

87

A B C D E F ~~G~~ H I J K L M
~~N~~ O P Q R S T U V W X Y Z

26	7 G	26	10	1 N		5		22	13	14
12		16		6	13	12		26		20
11	11	17		9		6	13	1 N	21	11
		11		11	7 G	6		18		12
11	26	14	11	17		8	17	6	25	1 N
16			26				26			11
5	17	26	20	11		6	23	23	11	12
12		21		24	6	6		13		
11	3	13	10	5		19		5	10	7 G
14		20		20	10	11		11		26
14	15	11		4		23	10	14	2	14

1 N	2	3	4	5	6	7 G	8	9	10	11	12	13
14	15	16	17	18	19	20	21	22	23	24	25	26

88

A B C D E F ~~G~~ H I J K L M
N O P Q R S T U V W X ~~Y~~ Z

10	20	14	16	4	18		4	14	8	5
20		22		15				11		14
15	4	6	5	22	1		23 G	13 Y	3	6
18		12		22	20	23 G		9		15
			16		3		16	12	22	22
4		5	13 Y	5	17	16	12	7		13 Y
15	26	22	5		22		26			
3		5		17	5	4		21		5
17	20	2	8		6	14	25	15	11	23 G
5		4				22		11		23 G
16	14	6	19		1	22	5	24	5	6

1	2	3	4	5	6	7	8	9	10	11	12	13 Y
14	15	16	17	18	19	20	21	22	23 G	24	25	26

Puzzle 89

Letter key:
A N
B O / ⊘
C P̸
D Q
E R / ⊘
F ⊄ / S
G T
H U
I V
J W
K X
L Y
M Z

Grid clues (numbered cells):

11		15		11	23	14		17 **P**
12	24	3 **S**	26		23		24	13	21	4
	16	7	12		1	6	2		7
23	17 **P**	17 **P**	23	3 **S**	26		13	26	22	26
	26				12		26
7	2	16	6	8		3 **S**	8	24	14	3 **S**
			22		10				26
7	12	25	19		24	22	20	12	7	17 **P**
	23		7	5	26		19	24	8
25	23	6	21		24		6	8	26	16
	9		26	18	26		12		22

Answer key:
| 1 | 2 | 3 **S** | 4 | 5 | 6 | 7 | 8 | 9 | 10 | 11 | 12 | 13 |
| 14 | 15 | 16 | 17 **P** | 18 | 19 | 20 | 21 | 22 | 23 | 24 | 25 | 26 |

Puzzle 90

Letter key:
A N
B O
C P
D Q
E̸ R
F S
G T
H U
I V
J W̸
K X
L Y
M Z

Grid clues (numbered cells):

3	13	14		10	1	3	11	26 **E**	16	19
18		3		1		13		20		4
26 **E**	25	12	16	26 **E**	23	26 **E**		20	26 **E**	6 **W**
9				19		2		26 **E**
26 **E**	25	4	18	12		12	4	18	21	19
16		13						12		8
7	16	4	2	8		8	1	19	14	22
		17		1		3				13
24	21	22		23	3	16	4	18	17	26 **E**
21		15		3		26 **E**		21		19
9	17	26 **E**	13	5	26 **E**	5		7	4	19

Answer key:
| 1 | 2 | 3 | 4 | 5 | 6 **W** | 7 | 8 | 9 | 10 | 11 | 12 | 13 |
| 14 | 15 | 16 | 17 | 18 | 19 | 20 | 21 | 22 | 23 | 24 | 25 | 26 **E** |

Letter tracker (Puzzle 9 1):
A, B, ¢, D, E, F, G, H, I, J̷, K, L, M — N, O, P, Q, R, S, T, U, V, W, X, Y, Z

Grid clues (across the top rows, numbers with given letters):
- 16 · 1 (C) · 26 5 11 · 1 (C)
- 4 9 16 3 · 5 · 23 12 24 9
- 13 21 3 · 23 16 18 · 23
- 22 21 25 24 19 1 (C) · 18 19 15 13
- 1 (C) · 14 · 9
- 13 9 15 7 9 · 6 16 23 15 14
- 8 · 17 · 19
- 18 9 15 21 · 16 9 20 (J) 9 1 10 (C)
- 23 · 23 17 3 · 23 26 9
- 7 1 23 16 (C) · 2 · 11 9 24 22
- 5 · 9 2 9 · 7 · 11

Solution grid:
1 (C)	2	3	4	5	6	7	8	9	10	11	12	13
14	15	16	17	18	19	20 (J)	21	22	23	24	25	26

Letter tracker (Puzzle 9 2):
A̷, B, C, D, E, F, G, H, I, J, K, L̷, M — N, O, P, Q, R, S, T, U, V, W, X, Y, Z

Grid clues:
- 13 5 13 17 18 · 22 25 25 6 1
- 17 · 22 · 19 · 3 (A) 7 · 12 (L)
- 11 14 3 (A) 12 (L) 13 21 15 · 13 17 8
- 14 · 18 · 12 (L) · 26 · 17
- 13 20 1 3 (A) 12 (L) 1 13 18 4 21
- 19 · 12 (L) · 10 · 4
- 15 13 1 12 (L) 20 · 5 15 5 12 (L) 1
- 2 · 25 · 25 · 4 · 3 (A)
- 9 1 21 · 20 3 (A) 22 23 1 6 21
- 25 · 19 · 18 · 22 · 3 (A)
- 26 12 3 (L) (A) 16 1 · 3 (A) 24 21 1 19

Solution grid:
1	2	3 (A)	4	5	6	7	8	9	10	11	12 (L)	13
14	15	16	17	18	19	20	21	22	23	24	25	26

50

Puzzle 93 — letter key column:

A N
B O
C P
D Q
E̸ R̸
F S
G T
H U
I V
.I W
K X
L Y
M Z

Grid 93 (across rows, cell numbers shown):

18	13 R	11 E	3	21		2	5	11 E	13 R	3
20		26		3		24		24		4
4	10	20	15	22		1	11 E	3	9	17
22		3		11 E	19	19		4		2
9	2	14	2		15	11 E	3	17	11 E	13 R
			3	14	2	15	19			
6	2	17	17	2	21		2	2	12	11 E
13 R		23		19	11 E	21		14		25
8	4	8	15	19		3	14	8	25	11 E
11 E		13 R		11 E		17		25		15
7	8	14	11 E	18		11 E	16	11 E	4	17

Answer key:

| 1 | 2 | 3 | 4 | 5 | 6 | 7 | 8 | 9 | 10 | 11 E | 12 | 13 R |
| 14 | 15 | 16 | 17 | 18 | 19 | 20 | 21 | 22 | 23 | 24 | 25 | 26 |

Puzzle 94 — letter key column:

A N
B O
C P
D Q
E R
F S
G T̸
H U
I V
J W
K X̸
L Y
M Z

Grid 94 (across rows, cell numbers shown):

22	13	21	3	9	22		8 T	26	16	4
	18		18		10		25		10	
3	18	13	5		4	23	4	3	8 T	22
			6		12		17		7	
6	21	11	4	15	4	20		24	21	12
	17		5				18		1	
21	8 T	4		6	15	18	17	12	1	26
	10		6		21		10			
22	14	19	21	6	9		18	21	8 T	25
	19		8 T		4		17		21	
8 T	4	2 T	8 X	T		20	4	22	4	15	8 T

Answer key:

| 1 | 2 X | 3 | 4 | 5 | 6 | 7 | 8 T | 9 | 10 | 11 | 12 | 13 |
| 14 | 15 | 16 | 17 | 18 | 19 | 20 | 21 | 22 | 23 | 24 | 25 | 26 |

Puzzle 95

Letter key:
A–N
B–Ø
C–P̸
D–Q
E–R
F–S
G–T
H–U
I–V
J–W
K–X
L–Y
M–Z

Grid (clues numbered):

18	14	2	13	11		1	21	14	17	4
22		4		15		16 P		21		21
14	16 P	13		16 P	14	9	13	20		3
2		13				14				26 O
4	23	6	14	2	2	20		1	16 P	20
		19		15		4		2		
4	10	4		25	4	7	13	15	5	4
23				9				16 P		24
6		1	13	14	12	4		16 P	4	14
15		26 O		9		2		4		5
16 P	26 O	16 P	16 P	20		8	14	7	4	1

Alphabet solution grid:

| 1 | 2 | 3 | 4 | 5 | 6 | 7 | 8 | 9 | 10 | 11 | 12 | 13 |
| 14 | 15 | 16 P | 17 | 18 | 19 | 20 | 21 | 22 | 23 | 24 | 25 | 26 O |

Puzzle 96

Letter key:
A–N
B–O
C–P
D–Q
E̸–R
F–S̸
G–T
H–U
I–V
J–W
K–X
L–Y
M–Z

Grid (clues numbered):

12	15	5		8	24	18	8	24	18	8
15		20		4		8		20		26
9	8	21	4	22	19 E	11		7	19 E	19 E
16				19 E		19 E		7		
13	21	19 E	9	14 S		14 S	19 E	13	25	19 E
6		23					19 E			17
5	20	15	1	11		7	8	14 S	13	4
		8		1		19 E				15
19 E	19 E	24		20	1	8	6	5	19 E	14 S
6		24		2		10		8		19 E
11	1	3	6	19 E	14 S	14 S		7	15	14 S

Alphabet solution grid:

| 1 | 2 | 3 | 4 | 5 | 6 | 7 | 8 | 9 | 10 | 11 | 12 | 13 |
| 14 S | 15 | 16 | 17 | 18 | 19 E | 20 | 21 | 22 | 23 | 24 | 25 | 26 |

Puzzle 97

A	N
B	O
C	P
D	Q
E	R
F	S
G	T
H	U
I	V
J	W
K	X
L	Y
M	Z

Grid 97:

9	8	14	■	15	11	25	18	8	25	22
25	■	17	■	8	■	16	■	16	■	3
26	17	23	12	25	11	21	3	4	7	10 S
8	■	■	■	4	■	5	■	26	■	■
14	11	3	20	25	■	1	5	17	16	14
24	■	9	■	■	■	■	9	■	17	
13	3	23	25	11	■	19 Q	17	25	10 S	13
■	8		3		17				13	
15	3	11	13	8	4	8	15	3	13	25
25	■	25	■	10 S	■	25	■	2	■	11
15	25	11	6	25	4	13	■	25	26	10 S

Answer key:

1	2	3	4	5	6	7	8	9	10 S	11	12	13
14	15	16	17	18	19 Q	20	21	22	23	24	25	26

Puzzle 98

A	N
B	O
C	P
D	Q
E	R
F	S
G	T
H	U
I	V
J	W
K	X
L	Y
M	Z

Grid 98:

11	26	13	23	1	■	17	20	5	22	12
17	■	17	■	20	■	24	■	26	■	22
3 R	23	7	14	17	19	7	8	25	16	23
6	■	12	■	■	■	12	■	■	■	8
7	9	20	23	23	21	23	■	4	26	3 R
■	■	18 M	■	26	■	3 R	■	17	■	■
14	8	23	■	3 R	20	7	12	16	23	1
16	■	■	■	1	■	■	■	16	■	8
17	25	7	23	3 R	10	26	12	8	17	19
1	■	23	■	20	■	2	■	23	■	23
7	15	26	3 R	18 M	■	23	3 R	3 R	17	3 R

Answer key:

1	2	3 R	4	5	6	7	8	9	10	11	12	13
14	15	16	17	18 M	19	20	21	22	23	24	25	26

A	N
B	Ø
C	P
D	Q
E	R
F	S
G	T
H	U
I	V
J	W
K	X
L	Y
M	Z

Grid 99:

7	22	17	7	16	4	■	18	21	16	14
■	17	■	4	■	1	■	5	■	10	■
22	8	16	1	■	6	11	25(O)	4	20	18
■	16	■	14	■	16	■	4	■	1	■
16	23	6	16	16	8	22	17	7	19	12
■	■	20	■	12	■	13(M)	■	25(O)	■	■
21	1	15	19	16	18	14	25(O)	25(O)	17	18
■	5	■	25(O)	■	9	■	25(O)	■	16	■
18	1	19	1	13(M)	22	■	26	16	4	25(O)
■	9	■	2	■	16	■	16	■	24	■
3	16	21	18	■	18	20	8	8	16	17

1	2	3	4	5	6	7	8	9	10	11	12	13 M
14	15	16	17	18	19	20	21	22	23	24	25 O	26

A	N
B	O
C	P
D	Q
E	R
F	S
G	T
H	U
I	V
J	W
K	X
L	Y
M	Z

Grid 100:

12	22	6	11	8	12	17	■	7	1	25
17	■	4	■	22	■	18	■	1	■	22
24	16	17	22	2	■	24	9	22	19	17
■	■	17	■	24	■	2	■	4	■	12
16	11	12	10(F)	16	17	11	2	24	17	5
11	■	■	11	■	12	■	11	■	■	17
2	17	13	2	17	14	17	4	24	17	5
23	■	2	■	7	■	26	■	2	■	■
10(F)	2	1	20(Z)	17	■	21	14	22	4	3
21	■	15	■	19	■	22	■	1	■	11
12	22	17	■	24	25	13	22	14	24	14

1	2	3	4	5	6	7	8	9	10 F	11	12	13
14	15	16	17	18	19	20 Z	21	22	23	24	25	26

Puzzle 101

Alphabet key:
A N
B O
C P
D Q
E R
F S
G T
H U
I V
J̸ W
K X
L̸ Y
M Z

Grid (clue numbers, with given letters):

Row 1: 3(J) · 18 · 7 · 1 · 21 · ■ · 7 · 11 · 21 · 2(L) · 18
Row 2: 7 · ■ · 10 · ■ · 26 · ■ · 8 · ■ · 24 · ■ · 22
Row 3: 11 · 10 · 7 · 20 · 11 · 1 · 7 · 24 · 11 · 22 · 18
Row 4: 2(L) · ■ · 16 · ■ · ■ · ■ · 1 · ■ · 15 · ■ · 14
Row 5: 21 · 25 · 18 · 7 · 14 · 18 · 12 · ■ · 15 · 2(L) · 4
Row 6: ■ · 13 · ■ · ■ · 11 · ■ · 13 · ■ · ■ · 7 · ■
Row 7: 12 · 18 · 9 · ■ · 5 · 13 · 1 · 24 · 18 · 19 · 24
Row 8: 11 · ■ · 13 · ■ · 26 · ■ · ■ · ■ · 23 · ■ · 14
Row 9: 24 · 18 · 10 · 6 · 18 · 14 · 7 · 24 · 17 · 14 · 18
Row 10: 5 · ■ · 18 · ■ · 24 · ■ · 11 · ■ · 11 · ■ · 1
Row 11: 25 · 13 · 1 · 18 · 4 · ■ · 10 · 13 · 6 · 18 · 12

Number–letter key:

1	2	3	4	5	6	7	8	9	10	11	12	13
	L	J										

14	15	16	17	18	19	20	21	22	23	24	25	26

Puzzle 102

Alphabet key:
A N
B O
C P
D Q
E R
F S
G T
H U
I V̸
J W
K X
L̸ Y
M Z

Grid (clue numbers, with given letters):

Row 1: ■ · 4 · ■ · 19 · ■ · 6 · ■ · 26 · 2 · 19 · 1
Row 2: 8 · 23 · 25 · 2 · ■ · 12 · ■ · ■ · 8 · ■ · 9
Row 3: ■ · 8 · ■ · 8 · 21 · 23 · 23 · 3 · 26 · 22(L) · 16
Row 4: 3 · 9 · 2 · 5 · 23 · 3 · ■ · 23 · ■ · 23 · ■
Row 5: 15 · ■ · 7 · ■ · 3 · 2 · 11 · 8 · ■ · 20(V) · ■
Row 6: 9 · 10 · 9 · 13 · 3 · ■ · 2 · 8 · 1 · 9 · 4
Row 7: ■ · 12 · ■ · 22(L) · 23 · 8 · 3 · ■ · 15 · ■ · 16
Row 8: ■ · 21 · ■ · 12 · ■ · 5 · 23 · 12 · 24 · 13 · 9
Row 9: 8 · 5 · 9 · 9 · 4 · 15 · 24 · 14 · ■ · 23 · ■
Row 10: 15 · ■ · 22(L) · ■ · ■ · 13 · ■ · 22(L) · 2 · 18 · 9
Row 11: 17 · 9 · 25 · 8 · ■ · 9 · ■ · 16 · ■ · 16 · ·

Number–letter key:

1	2	3	4	5	6	7	8	9	10	11	12	13

14	15	16	17	18	19	20	21	22	23	24	25	26
						V		L				

103

Letter checklist: A (crossed) B C D E F G H I J K L M | N O P Q R S T U V W X Y (crossed) Z

5	10	17	24 A	6	14	21	10	12	5	7
25		5		13		11		26 Y		3
21	15	24 A	4	5		21	16	5	23	17
10				24 A	23	5		16		
17	26 Y	23	5	7		10	3	24 A	23	26 Y
	3		14				18		22	
9	22	24 A	1	5		6	5	14	17	10
		15		11	21	24 A				3
2	14	24 A	15	5		16	3	10	5	7
5		20		16		8		1		24 A
5	14	5	19	17	13	3	16	21	19	10

1	2	3	4	5	6	7	8	9	10	11	12	13
14	15	16	17	18	19	20	21	22	23	24 A	25	26 Y

104

Letter checklist: A B C D E F G H I (crossed) J K L M | N O P Q (crossed) R S T U V W X Y Z

6	11	8	5		13	8	10 I	19 Q	13	25
22		22				10 I		13		18
7	13	26	14	3	11	20	14	10 I	8	5
7		23				12		21		25
10 I	20	25	26	22	1	25	7			
23		7		24		23		7		15
		15	25	3	7	22	8	11	23	
2		25		3			25		11	
10 I	16	16	25	18	10 I	11	14	25	23	17
6		10 I		13			21		25	
25	10 I	14	9	25	3		4	25	25	3

1	2	3	4	5	6	7	8	9	10 I	11	12	13
14	15	16	17	18	19 Q	20	21	22	23	24	25	26

Puzzle 105 — Alphabet key

A N	N
B	O
C	P
D	Q
E	R
F	S
G	T
H	U
I	V
J	W
K	X
L	Y
M	Z

Grid clues (across top rows): 23, 13/M, 7, 4, 5, 24; 6, 15, 21, 5, 11, 14/N, 5, 4, 14/N; 5, 14/N, 25, 11, 10, 2; 8, 25, 25, 15, 21, 12, 17, 11, 12, 5, 9; 25, 26, 8, 10; 15, 21, 3, 5, 17, 9, 5, 19, 2, 21; 13/M, 4, 13/M, 5; 17, 11, 21, 20, 16, 5, 17, 17, 8, 5, 21; 22, 25, 5, 9, 11, 14/N; 13/M, 5, 13/M, 4, 8, 18, 8, 25, 5; 21, 1, 5, 11, 5, 1

Solution grid:

1	2	3	4	5	6	7	8	9	10	11	12	13 M
14 N	15	16	17	18	19	20	21	22	23	24	25	26

Puzzle 106 — Alphabet key

A	N
B	O
C	P
D	Q
E	R
F	S
G T	T
H	U
I	V
J	W
K	X
L	Y
M	Z

Grid clues: 13/T, 11, 5, 25, 14/B, 9, 7, 22, 9, 15; 25, 26, 5, 1, 1, 10; 12, 5, 9, 11, 4, 3, 13/T, 25, 5, 4, 22; 1, 23, 1, 24; 16, 1, 20, 10, 5, 6, 19, 1, 26; 1, 12, 9, 9, 17, 9; 1, 8, 15, 13/T, 25, 9, 15, 1, 14/B; 8, 15, 18, 1; 21, 5, 25, 3, 13/T, 14/B, 4, 13/T, 13/T, 9, 6; 10, 12, 1, 9, 25, 2; 15, 1, 3, 9, 5, 5, 1, 13/T, 4, 25

Solution grid:

1	2	3	4	5	6	7	8	9	10	11	12	13 T
14 B	15	16	17	18	19	20	21	22	23	24	25	26

A	N
B	O
C	P
D	Q
E	R / ⟋
F	S / ⟋
G	T
H	U
I	V
J	W
K	X
L / ⟋	Y
M	Z

1	2	3	4	5	6	7 (S)	8	9	10	11	12 (L)	13
14	15	16	17	18	19	20	21	22	23	24	25	26

A	N
B / ⟋	O
C	P
D	Q
E	R
F	S
G	T
H	U
I	V / ⟋
J	W
K	X
L	Y
M	Z

1	2 (V)	3	4	5	6	7	8	9	10	11	12	13
14	15 (B)	16	17	18	19	20	21	22	23	24	25	26

58

Alphabet key:
A | N
B | O
C | P
D | Q
E | R
F | S
G | T
H | U
I | V
J | W
K | X
L | Y
M | Z

Grid 109:

15	10	4	21	12		20	1	21	6	
11 A		16		3		11 A		23		26
5	10	14	3	18	22	4	23	11 A	4	10
10		10		6		12		18		22
5	11 A	5	22			10	2	10	21	4
			13	11 A	18	5	11 A			
22	8	1	11 A	5			19	12	3	11 A
12		18		1		2		17		25
16	18	4	10	25	25	16	24	10	18	4
13		16		4		9		18		3
	20	10	5	22		10	7 X	11 A	14	22

| 1 | 2 | 3 | 4 | 5 | 6 | 7 X | 8 | 9 | 10 | 11 A | 12 | 13 |
| 14 | 15 | 16 | 17 | 18 | 19 | 20 | 21 | 22 | 23 | 24 | 25 | 26 |

Alphabet key:
A | N
B | O
C | P
D | Q
E | R
F | S
G | T
H | U
I | V
J | W
K | X
L | Y
M | Z

Grid 110:

10	20 O	24	15 I	21	5		20 O	23	3	6
	14		10		21		12		20 O	
23	4	4	15 I	16	21	5	6	23	5	11
		10		3		22		18		
12	6	21	18	21	6	6		9	20 O	13
	1		21				21		5	
20 O	12	5		8	20 O	15 I	4	15 I	4	17
	21		19		10		8			
22	23	9	18	21	10	18	20 O	22	25	6
	7		23		12		11		12	
25	11	2	4		5	21	6	22	21	26

| 1 | 2 | 3 | 4 | 5 | 6 | 7 | 8 | 9 | 10 | 11 | 12 | 13 |
| 14 | 15 I | 16 | 17 | 18 | 19 | 20 O | 21 | 22 | 23 | 24 | 25 | 26 |

1 1 1

A	N
B	O
C	P
D	Q
E	R
F	S̶
G	T
H	U
I	V
J	W
K	X̶
L	Y
M	Z

Grid (across top row):
| 8 | 4 | 12 | 18 | 13 S | | 24 | 3 | 22 | 22 | 26 |

25		17		18		12		1		12
6	19	12	15	12	25	2	14	4	18	13 S
8		16		12		15		16		
1	25	18	12	15		25	9	20	1	12
12			1				14			10 X
8	14	15	23	13 S		16	15	12	12	22
		25		25		14		7		15
23	25	9	4	11	25	16	18	4	15	12
14		5		12		14		25		13 S
14	21	12	9	13 S		25	18	1	25	13 S

1	2	3	4	5	6	7	8	9	10 X	11	12	13 S
14	15	16	17	18	19	20	21	22	23	24	25	26

1 1 2

A	N
B	O
C	P
D̶	Q
E	R
F	S
G	T
H	U
I	V
J	W̶
K	X
L	Y
M	Z

Grid (across top row):
| 25 | 20 | 25 | 5 | 3 | | 8 | 26 | 3 | 24 | 2 |

	7		7		9		19		26	
6 W	4	3	25	1	16	19	12	12	25	13 D
			21		19		4		5	
2	3	1	25	25	3	2		22	4	6 W
25		19		16		15		19		4
4	13 D	13 D		8	4	7	16	14	19	23
	6 W		11		20		4			
9	25	21	17	16	7	4	1	7	3	26
	16		7		13 D		12		4	
10	16	4	3	2		18	25	14	1	4

1	2	3	4	5	6 W	7	8	9	10	11	12	13 D
14	15	16	17	18	19	20	21	22	23	24	25	26

60

Letter key:

A	N
B	O
C	P
D	Q
E	R
F	S
G	T
H	U
I	V
J	W
K	X
L	Y
M	Z

3	24	24	■	13 R	11	7	9	11	19	14
11	■	23	■	24	■	9	■	14	■	24
11	8	8	11	2	14	21	1	11	4	6
15	■	■	15	■	25	■	13 R	■	■	■
11	17	12	24	6	■	19	21	17	26	19
17	■	9	■	■	■	■	■	23	■	21
20	9	22	25	19	■	13 R	11	4	23	10 X
■	■	16	■	11	■	21	■	■	■	14
22	21	4	4	21	24	17	23	21	13 R	11
24	■	11	■	5	■	15	■	2	■	11
3	23	19	18	11	13 R	19	■	6	11	17

1	2	3	4	5	6	7	8	9	10 X	11	12	13 R
14	15	16	17	18	19	20	21	22	23	24	25	26

Letter key:

A	N
B	O
C	P
D	Q
E	R
F	S
G	T
H	U
I	V
J	W
K	X
L	Y
M	Z

7	23	8	21 I	23	■	11	20	7	23	7
22	■	18	■	26	■	26	■	6	■	22
17	14 P	14 P	17	3	12	20	19	8 I	12	24
14 P	■	20	■	■	■	13	■	■	■	23
7	14 P	16	20	3	5	23	■	7	8 I	3
■	■	7	■	23	■	12	■	9	■	■
23	10	23	■	1	8 I	7	12	20	3	25
4	■	■	■	15	■	■	■	26	■	26
23	18	25	3	17	8 I	1	23	3	23	1
13	■	17	■	17	■	8 I	■	23	■	16
12	26	2	23	1	■	14 P	23	7	6	24

1	2	3	4	5	6	7	8 I	9	10	11	12	13
14 P	15	16	17	18	19	20	21	22	23	24	25	26

Letter key:

A	N
B	O
C	P
D	Q
E	R̸
F	S̸
G	T
H	U
I̸	V
J	W
K	X
L	Y
M	Z

Grid clues (across numbers shown, with filled letters):

Row 1: 4, 19, 22=S, 22=S, 23, 22=S, (black), 22=S, 19, 12, 22=S
Row 2: 9, 18, 17, 3, 19
Row 3: 26, 24=I, 9, 15, 14, 13, 24=I, 7, 24=I, 9
Row 4: 11, 23, 2, 6, 6
Row 5: 3, 23, 13, 22=S, 14, 9, 18, 6, 24=I, 11, 16
Row 6: 23, 24=I, 22=S, 20
Row 7: 25, 23, 5, 23, 6, 14, 3, 8, 23, 9, 11
Row 8: 6, 18, 14, 18, 24=I
Row 9: 10, 19, 18, 13, 11, 21, 1, 23, 3, 11
Row 10: 25, 6, 23, 23, 3
Row 11: 6, 23, 22=S, 22=S, 22=S, 3, 13, 18, 16, 22=S

Answer grid:

1	2	3	4	5	6	7	8	9	10	11	12	13

14	15	16	17	18	19	20	21	22	23	24	25	26
								S		I		

Letter key:

A̸	N
B	O̸
C	P
D	Q
E	R
F	S
G	T
H	U
I	V
J	W
K	X
L	Y
M	Z

Grid clues (across numbers shown, with filled letters):

Row 1: 23, 4, 22, 26, 26, 7, 26, (black), 20, 19, 6=O
Row 2: 22, 9, 21, 13, 19=O, 3
Row 3: 26, 21, 8, 3, 11=A, 11, 9=A, 17, 16, 26
Row 4: 2, 25, 1, 26, 11=A
Row 5: 23, 14, 26, 26, 8, 10, 26, 11=A, 3, 8, 23
Row 6: 10, 12, 26, 23, 26
Row 7: 2, 9, 8, 26, 3, 3, 22, 24, 8, 26, 1
Row 8: 24, 3, 19=O, 9, 14
Row 9: 24, 2, 11=A, 9, 19=O, 25, 16, 2, 18, 15
Row 10: 26, 18, 5, 16, 3, 22
Row 11: 1, 2, 24, 23, 24, 26, 16, 16, 26, 1

Answer grid:

1	2	3	4	5	6	7	8	9	10	11	12	13
										A		

14	15	16	17	18	19	20	21	22	23	24	25	26
					O							

117

A N
B O
C̸ P
D Q
E R
F S
G T̸
H U
I V
J W
K X
L Y
M Z

Grid clues given: T (3), T (3), T (various), C, C, T, C, C

Answer key:
1	2	3	4	5	6	7	8	9	10	11	12	13
		T				C						
14	15	16	17	18	19	20	21	22	23	24	25	26

118

A̸ N
B O
C P
D Q
E R
F S
G T
H U
I V
J W
K X
L̸ Y
M Z

Grid clues given: L, A, L, A, L, L, A, A, A, A, L, A, L, A, A, L, A, L, A, A

Answer key:
1	2	3	4	5	6	7	8	9	10	11	12	13
	A											
14	15	16	17	18	19	20	21	22	23	24	25	26
						L						

63

119

Letter key: A B C Ð E F G H I J K L M / N O P Q R S T U V W X ¥ Z

3	16	9	14	19	16	3	9	4	20	21
21		22		22		16		10		20
4	24	22	17	19		8	20	17	3	25
1				21	4	19		19		
23	21	1	8	23		2(Y)	16	21	20	12(D)
	18		17				11		16	
6	21	21	1	23		23	26	16	19	23
		7		26	4	20				26
26	4	17	23	21		4	11	4	5	21
16		16		4		15		1		3
21	13	26	21	1	16	21	3	10	21	12(D)

1	2 (Y)	3	4	5	6	7	8	9	10	11	12 (D)	13
14	15	16	17	18	19	20	21	22	23	24	25	26

120

Letter key: A B C Ð E F G H I J K Ł M / N O P Q R S T U V W X Y Z

20	15	18	24		6	2	18	18	17	19
15		9				18		9		3
14	10	10	2	3	14	20	15	22	1	26
2		3				22		5		14
4	3	16	7	12	22	5	3			
16		18		1		14		3		6
			16	23	22	13(L)	13(L)	11	12	13(L)
22		25		1				11		14
8	2	14(D)	26	3	1	11	13	22	18	16
3		20		24				20		5
13(L)	22	23	22	1	26		21	18	5	16

1	2	3	4	5	6	7	8 (D)	9	10	11	12	13 (L)
14	15	16	17	18	19	20	21	22	23	24	25	26

64

1 2 1

A	N
B	Ø
¢	P
D	Q
E	R
F	S
G	T
H	U
I	V
J	W
K	X
L	Y
M	Z

Grid (codeword) — filled letters: O appears at cells marked 8; C appears at cells marked 22.

1	2	3	4	5	6	7	8 O	9	10	11	12	13
14	15	16	17	18	19	20	21	22 C	23	24	25	26

1 2 2

A	N
B	O
C	P
D	Q
E̸	R̸
F	S
G	T
H	U
I	V
J	W
K	X
L	Y
M	Z

Grid (codeword) — filled letters: R appears at cells marked 5; E appears at cells marked 6.

1	2	3	4	5 R	6 E	7	8	9	10	11	12	13
14	15	16	17	18	19	20	21	22	23	24	25	26

1 2 3

A	N
B	Ø
C	P
Ø	Q
E	R
F	S
G	T
H	U
I	V
J	W
K	X
L	Y
M	Z

Grid:

19	4 O	23	2	23	17	2		9	6	3
15		2		4 O		23		14		15
26	15	19	26	8	1	8	15	8	9	21 D
25		26				1		5		10
			2	21 D	9	11	15	2	8	9
8		25		4 O		15		26		21 D
16	5	1	10	10	6	9	21 D			
1		10		16				24		22
26	18	25	4 O	4 O	6	25	4 O	15	26	9
8		6		4 O		1		12		1
26	20	13		21 D	15	26	8	7	2	23

1	2	3	4 O	5	6	7	8	9	10	11	12	13
14	15	16	17	18	19	20	21 D	22	23	24	25	26

1 2 4

A	N
B	O
C	P
D	Q
E	R
F	S
G	T
H	U
I	V
J	W
K	X
L	Y
M	Z

Grid:

	12		25				21		3	
17	22 I	19	26	1	19	9	1	14	26	19
	23		13		26		19		18 X	
10	22 I	5	21		26	11	20	9	13	26
	12			1	2	20	15			
13	26	7	24	8		22 I	21	2	26	13
			8	7	22 I	13			18 X	
17	9	2	2	26	3		16	26	24	13
	19		22 I		1		9		9	
4	22 I	13	1	4	4	22 I	14	22 I	3	5
	12		6				26		12	

1	2	3	4	5	6	7	8	9	10	11	12	13
14	15	16	17	18 X	19	20	21	22 I	23	24	25	26

66

Puzzle 125 — letter checklist:

A	N
B	O
C	P
D	Q
E̸	R
F	S
G	T
H	U
I	V
J	W
K	X
L	Y̸
M	Z

Grid 125:

7	2	18	25 (E)	16	■	25 (E)	6	1	14	11
14	■	21	■	25 (E)	2	■	4	■		2
8	4	16	16	4	15	9	■	1	14	24
25 (E)	■	13		5		6	■	■		25 (E)
22	25 (E)	3	22	25 (E)	16	25 (E)	15	13	25 (E)	18
■		2	■		26	■		22	■	
21	15	15	25 (E)	20	25 (E)	16	16	2	22	12 (Y)
15	■			21		20		4		21
4	23	12 (Y)		3	22	14	1	6	25 (E)	17
13	■	14		4		10	■	25 (E)		17
16	19	21	2	18	■	10	25 (E)	22	22	12 (Y)

1	2	3	4	5	6	7	8	9	10	11	12 (Y)	13
14	15	16	17	18	19	20	21	22	23	24	25 (E)	26

Puzzle 126 — letter checklist:

A	N
B	O
C	P̸
D	Q
E̸	R
F	S
G	T
H	U
I	V
J	W
K	X
L	Y
M	Z

Grid 126:

9	20	16	18	18	22	■	16	15	3 (P)	25
■	8		7	■	21 (E)		5	■	13	■
16	21 (E)	14	21 (E)	12	13	20	11	5	15	7
■			9	■	2	■	25	■	3 (P)	■
19	16	1	21 (E)	22	21 (E)	17	■	6	15	8
■	13		7	■			19	■	19	■
26	15	12	■	4	20	14	11	23	21 (E)	17
■	24	■	22	■	4	■	13	■		■
20	18	11	15	22	15	12	5	14	21 (E)	19
■	21 (E)	■	11	■	10	■	16	■	4	■
21 (E)	11	16	1	■	21 (E)	5	11	1	21 (E)	13

1	2	3 (P)	4	5	6	7	8	9	10	11	12	13
14	15	16	17	18	19	20	21 (E)	22	23	24	25	26

Letter bank (127):

A	N
B̸	O
C	P
D	Q
E	R
F	S
G	T̸
H	U
I	V
J	W
K	X
L	Y
M	Z

Grid 127:

25	22	25	15	18 T	■	11	25	18 T	12	8
9	■	16 C	■	14	■	15	■	3	■	15
18 T	15	4	13	18 T	6	14	15	18 T	19	26
3	■	18 T	■	25	■	24	■	1	■	■
7	4	12	1	1	■	12	17	12	16 C	18 T
4	■	■	12	■	■	■	14	■	■	3
12	10	16 C	12	1	■	21	26	3	9	5
■	■	25	■	25	■	12	■	8	■	19
23	25	5	9	3	11	3	16 C	12	9	18 T
14	■	12	■	15	■	■	1	■	25	1
2	25	13	3	13	■	13	3	1	20	26

Answer key:

1	2	3	4	5	6	7	8	9	10	11	12	13

14	15	16 C	17	18 T	19	20	21	22	23	24	25	26

Letter bank (128):

A	N
B	O
C	P
D	Q
E	R
F	S
G	T
H	U
I	V
J	W̸
K	X
L̸	Y
M	Z

Grid 128:

25	5	13	16	3	■	12	9 W	13	18	8
■	15	■	6	■	20 L	■	13	■	5	■
22	21	18	16	23	13	14	12	10	15	21
■	■	■	6	■	19	■	21	■	2	■
26	13	1	13	22	13	15	■	13	17	21
10	■	6	■	5	■	13	■	9 W	■	20 L
21	4	4	■	24	6	24	24	20 L	21	15
■	10	■	12	■	11	■	20 L	■	■	■
5	14	20 L	10	3	21	20	10 L	21	15	2
■	24	■	22	■	14	■	12	■	10	■
7	6	14	21	12	■	19	21	21	18	15

Answer key:

1	2	3	4	5	6	7	8	9 W	10	11	12	13

14	15	16	17	18	19	20 L	21	22	23	24	25	26

68

129

Alphabet key:

A	N
B	Ø
C	P
D	Q
E	R
F	S
G	T
H	U
I	V
J	W
K̸	X
L	Y
M	Z

Grid:

7	24	19	19	3	2	■	13	24	4	3
■	26	■	3	■	25	■	15	■	25	■
14	3	13	23	■	11	17 O	12	18	2	13
■	■	12	■	■	25	■	24	■	2	■
9	17 O	9	3	6	23	24	18	25	22	21
■	13	■	26	■	■	■	3	■	3	■
13	23	3	5	22	24	2	2	3	18	13
■	18	■	22	■	19	■	■	11	■	
10 K	25	9	17 O	6	17 O	■	2	17 O	18	9
■	20	■	2	■	12	■	17 O	■	3	■
13	1	17 O	3	■	23	8	3	22	16	3

Solution key:

1	2	3	4	5	6	7	8	9	10 K	11	12	13
14	15	16	17 O	18	19	20	21	22	23	24	25	26

130

Alphabet key:

A	N
B	O
C	P
Ø	Q
E	R
F	S
G	T
H	U
I	V
J	W
K̸	X
L	Y
M	Z

Grid:

18	4	21	21	11	■	26 D	3	6 K	7	8
25	■	2	■	7	■	25	■	23	■	9
12	25	23	1	22	7	1	25	1	13	7
21	■	24	■	■	■	20	■	■	■	18
8	24	3	7	7	17	7	■	2	7	10
■	■	7	■	19	■	2	■	3	■	
14	3	22	■	25	8	8	23	8	22	8
25	■	■	■	12	■	■	■	22	■	4
26 D	4	16	1	15	18	25	11	23	1	20
7	■	9	■	18	■	13	■	7	■	20
8	22	4	5	7	■	22	25	2	26 D	11

Solution key:

1	2	3	4	5	6 K	7	8	9	10	11	12	13
14	15	16	17	18	19	20	21	22	23	24	25	26 D

69

131

Letter key:

A	N
B	O
C	P
D	Q
E	R
F	S
G	T̸
H	U
I	V
J	W̸
K	X
L	Y
M	Z

■	22	8	24	12	9	■	6	20	13	■
■	8	■	9	■	11	■	24	■	10	■
1	11	15 T	9	■	24	18	11	23	20	19
■	11	■	8	■	16	■	5	■	2 W	■
24	25	17	11	12	11	25	17	11	25	15 T
■	■	24	■	3	■	24	■	3	■	■
18	20	25	15 T	10	24	23	8	15 T	11	17
■	5	■	4	■	26	■	25	■	19	■
21	24	14	20	25	20	■	15 T	4	3	2 W
■	26	■	9	■	10	■	24	■	14	■
■	11	2 W	11	■	7	11	5	5	9	■

1	2 W	3	4	5	6	7	8	9	10	11	12	13
14	15 T	16	17	18	19	20	21	22	23	24	25	26

132

Letter key:

A	N
B	O
C	P
D̸	Q
E̸	R
F	S
G	T
H	U
I	V
J	W
K	X
L	Y
M	Z

6 E	9	14	19	5	1	26	■	15	5	2
19	■	7	■	15	■	5	■	1	■	24
23	19	3	23	23	■	18	3	25 D	8	6 E
■	■	2	■	3	■	12	■	24	■	17
2	14	10	12	19	5	7	2	10	1	17
22	■	■	15	■	2	■	3	■	■	6 E
3	4	25 D	6 E	7	10	5	4	25 D	6 E	25 D
6 E	■	7	■	1	■	19	■	6 E	■	■
6 E	11	1	19	2	■	21	3	4	14	10
20	■	4	■	13	■	3	■	2	■	1
6 E	19	13	■	16	5	26	26	6 E	7	2

1	2	3	4	5	6 E	7	8	9	10	11	12	13
14	15	16	17	18	19	20	21	22	23	24	25 D	26

Alphabet key:
A / N
B / O
C / P
D / Q
E / R
F / S
G / T
H / U
I / V
J / W
K / X
L / Y
M / Z

Grid 133:

26 P	13	15	15	21 A		25	21 A	10	19	20
20		19		20		13		6		9
19		23	13	14	18	23	21 A	25	9	22
19		9				16		17		9
3	9	7	9	20	21 A	5		19	21 A	12
	2			9		9			23	
4	9	1		25	21 A	22	14	19	12	22
9		21 A		19				26 P		21
21 A	7	11	9	20	12	13	22	9		6
20		9		22		14		20		21 A
12	21 A	22	12	9		9	8	21 A	14	12

1	2	3	4	5	6	7	8	9	10	11	12	13
14	15	16	17	18	19	20	21 A	22	23	24	25	26 P

Alphabet key:
A / N
B / O
C / P
D / Q
E / R
F / S
G / T
H / U
I / V
J / W
K / X
L / Y
M / Z

Grid 134:

	16		2		3		23	13	24	17
22	9	16	26		5 U			15		26
	13		17	14	26	24	11 E	25	13	10
5 U	24	21	11 E		1		6		14	
17		9		17	13	20	11 E		2	
11 E	13	21	16	11 E		5	19	10	11 E	24
	8		11 E	13	24	19		4		9
	16		20		13		2	11 E	24	7
17	11 E	19	1	11 E	19	14	11 E		13	
13		11 E			22		16	13	18	4
10	13	12	19		17		25		18	

1	2	3	4	5 U	6	7	8	9	10	11 E	12	13
14	15	16	17	18	19	20	21	22	23	24	25	26

135

23	11	8	7	21	11	22	26	7	6 E	23
6 E	■	9	■	6 E	■	6 E	■	21	■	11
16 P	21	11	3	6 E	■	6 E	19	26	11	16 P
7	■	■	■	2	24	7	■	6 E	■	■
10	14	13	12	8	■	8	16 P	21	24	14
■	25	■	24	■	■	■	24	■	23	■
1	26	23	17	6 E	■	6 E	5	22	25	15
■	■	25	■	24	20	6 E	■	■	■	24
8	18	25	26	21	■	21	25	15	6 E	23
26	■	21	■	7	■	11	■	10	■	6 E
13	11	8	18	10	11	6 E	4	25	26	8

1	2	3	4	5	6 E	7	8	9	10	11	12	13
14	15	16 P	17	18	19	20	21	22	23	24	25	26

136

24	20	13	21 M	7	9	15	17 A	10	5
15	■	11	■	■	15	■	18	■	13
18	13	22	20	2	19	4	16	4	19	2
13	■	4	■	■	22	■	8	■	7
7	13	3	26	17 A	22	5	7	■	■
3	■	13	■	8	■	13	■	22	■	14
■	■	■	20	1	13	18	6	17 A	15	12
17 A	■	23	■	17 A	■	■	3	■	17 A
3	20	15	18	19	17 A	21 M	13	19	3	7
20	■	21 M	■	22	■	■	17 A	■	6
21 M	20	24	24	13	8	■	7	24	18	25

1	2	3	4	5	6	7	8	9	10	11	12	13
14	15	16	17 A	18	19	20	21 M	22	23	24	25	26

72

Puzzle 137

Letter key:
A N
B O
₵ P
D Q
E R
F S
G T
H U
Í V
J W
K X
L Y
M Z

Grid:

	22		17		24		19 C		16	
23	4	13	13	21	6	24	7	15 Í	21	12
	15 Í		3		21		4		12	
15 Í	13	21	8		21	26	21	19 C	13	12
		20		21		15 Í		5		17
18	3	19 C	17	7		10	3	15 Í	12	2
3		21		12		20		7		
25	3	7	18	21	12		14	15 Í	14	21
	11		3		21		3		15 Í	
11	3	8	15 Í	10	21	21	6	15 Í	10	9
	6		11		10		13		1	

1	2	3	4	5	6	7	8	9	10	11	12	13
14	15 Í	16	17	18	19 C	20	21	22	23	24	25	26

Puzzle 138

Letter key:
A N
B O
C P
D Q
É R
F S
G T
Ⱨ U
I V
J W
K X
L Y
M Z

Grid:

24	26 E	26 E	18	24		19	5	13	15 H	26 E
12		1		14		5		26 E		23
5	3	3	6	11	3	6	25	5	13	26 E
4		16		11						21
3	26 E	5		8	25	3		20	5	13
		25	21	26 E		5	22	11		
24	11	14		10	26 E	14		7	5	4
17						9		5		5
2	14	18	14	11	12	25	14	22	16	7
5		25		10		24		26 E		19
10	11	10	22	26 E		15 H	5	24	13	26 E

1	2	3	4	5	6	7	8	9	10	11	12	13
14	15 H	16	17	18	19	20	21	22	23	24	25	26 E

Puzzle 139

Alphabet key:
A N
B O
C P
D Q
E R
F S
G T
H U
I V
J W
K X
L Y
M Z

Grid (row by row):

12	7	25	15	5	2 M	7		10	17	5
3		1 A		12		10		5		21
8	2 M	10	18	25	19	8	4	7	25	22
10		19				19		9		23
			2 M	7	2 M	5	17	8	6	7
19		13		2 M		20		15		24
9	3	17	5	26	26	7	20			
1 A		7		25				1 A		16
15	5	24	19	7	11	18	7	24	15	7
14		6		2 M		17		9		9
19	5	22		19	8	24	23	7	17	19

Answer grid:

1 A	2 M	3	4	5	6	7	8	9	10	11	12	13
14	15	16	17	18	19	20	21	22	23	24	25	26

Puzzle 140

Alphabet key:
A N
B O
C P
D Q
E R
F S
G T
H U
I V
J W
K X
L Y
M Z

Grid (row by row):

	15		5		24		5		13	
19	2 U	17 N	15	26	2 U	3	26	16	12	17 N
	15		3		16		23		20	
5	10	16	17 N	7	16	19	19	23	13	
	12		26		13		3			
8	12	10	23	11	1	3	6	23	11	
	16		2 U	6		25				
8	2 U	13	22	23	13		3	15	9	23
	19		16	3		14	3			
15	12	18	4	12	11	26	3	21	1	6
	17 N	26	10	6	23					

Answer grid:

1	2 U	3	4	5	6	7	8	9	10	11	12	13
14	15	16	17 N	18	19	20	21	22	23	24	25	26

1 4 1

1	2	12	7	25	■	11 M	15	18	9	14 A
19	■	15	■	14 A	■	21	■	7	■	12
14 A	8	14 A	9	26	1	22	■	8	23	11 M
12	■	16	■	24	■	22	■	■	■	21
13	19	9	16	21	1	21	13	19	15	12
■	■	4	■	■	20	■	■	14 A	■	■
17	7	15	1	22	9	21	26	9	26	8
7	■	■	■	19	■	10	■	12	■	15
21	5	26	■	15	6	14 A	11 M	13	16	15
22	■	14 A	■	3	■	16	■	9	■	1
15	9	8	19	22	■	1	9	26	2	15

1	2	3	4	5	6	7	8	9	10	11 M	12	13
14 A	15	16	17	18	19	20	21	22	23	24	25	26

1 4 2

26	20	11 Y	■	7	8	17	17	1	13	15
20	■	14	■	15	■	13	■	22	■	4
1	9	9	20	15	25	14	10 M	1	26	3
23	■	■	■	5	■	3	■	13	■	■
3	14	21	2	26	■	20	2	11 Y	10 M	3
13	■	13	■	■	■	■	■	16	■	24
5	26	14	17	17	■	19	8	3	8	3
■	■	10 M	■	14	■	8	■	■	■	6
5	8	9	3	20	10 M	1	20	12	3	26
1	■	5	■	5	■	12	■	14	■	3
4	20	3	5	26	13	3	■	22	15	18

1	2	3	4	5	6	7	8	9	10 M	11 Y	12	13
14	15	16	17	18	19	20	21	22	23	24	25	26

1 4 3

A	N
B	O
C	P
D	Q
E̸	R
F	S
G̸	T
H	U
I	V
J	W
K	X
L	Y
M	Z

12	5	13	8	25	■	4	23	4	3	24 E
1	■	18	■	21	■	3	■	1	■	3
4	1	13	8	14	10	18	25	1	7	25
2	■	18	■	3	■	13	■	24 E	■	■
24 E	26	4	24 E	3	■	17	14	16	11 G	24 E
23	■	■	3	■	■	11 G	■	■	■	13
25	19	18	6	20	■	20	24 E	8	24 E	24 E
■	■	7	■	21	■	24 E	■	10	■	10
22	14	7	9	5	18	25	21	18	7	11 G
24 E	■	24 E	■	11 G	■	20	■	15	■	24 E
20	18	10	24 E	25	■	25	8	24 E	7	16

1	2	3	4	5	6	7	8	9	10	11 G	12	13
14	15	16	17	18	19	20	21	22	23	24 E	25	26

1 4 4

A	N
B	Ø
C	P
D	Ø
E	R
F	S
G	T
H	U
I	V
J	W
K	X
L	Y
M	Z

16 O	11	16 O	19	4	■	6 Q	7	19	23	23
■	16 O	■	25	■	8	■	14	■	7	■
19	2	8	19	24	22	20	22	16 O	14	4
■	■	■	9	■	19	■	20	■	9	■
24	22	4	20	7	3	11	■	12	13	18
22	■	7	■	5	■	15	■	16 O	■	15
14	15	11	■	8	19	3	21	16 O	3	5
■	9	■	19	■	15	■	3	■	■	■
20	3	15	24	22	20	22	16 O	14	15	23
■	19	■	17	■	4	■	10	■	9	■
15	4	26	19	24	■	4	19	1	19	14

1	2	3	4	5	6 Q	7	8	9	10	11	12	13
14	15	16 O	17	18	19	20	21	22	23	24	25	26

1

```
A N T H E M . J A B S
L . R . V I A . G U M
B A A . E X P L O D E
U . P N T . . T . . A
M E E K L Y . F U R .
. Z . Y . P . I . . .
E W E . C A N A L S .
Q . . E N . N . C . .
U P R I G H T . C O O
A R E . O A R . E . F
L O V E . M Y S E L F
```

```
 1  2  3  4  5  6  7  8  9 10 11 12 13
 C  L  I  F  U  J  Y  N  K  R  X  O  Z
14 15 16 17 18 19 20 21 22 23 24 25 26
 H  B  Q  E  G  W  D  T  A  M  S  P  V
```

2

```
R A F F L E . V I E W
. T E A . Q . A . X .
M E E K . U P R O A R
. . I . I . Y . M . .
G R A N D P A . H I S
. E D G Y . G A I N .
G A S . E J E C T E D
. L . E . U . C . . .
W I S D O M . E P I C
. Z . I . B . P A R .
N E X T . O U T L E T
```

```
 1  2  3  4  5  6  7  8  9 10 11 12 13
 X  I  W  H  O  T  K  E  Y  G  N  M  R
14 15 16 17 18 19 20 21 22 23 24 25 26
 Q  L  S  V  C  Z  U  P  D  B  A  F  J
```

3

```
O . L . J . Z . E . J
P H O N E . A G R E E
T A B . T I N . O W E
I D E A . M I L D E R
O . . L I E . E . . .
N O R . I T S . D U E
. . U . C A T . . . X
V E L V E T . Q U I P
A Y E . N E T . P R O
S E R F S . H O O K S
E . S . E . E . N . E
```

```
 1  2  3  4  5  6  7  8  9 10 11 12 13
 W  U  D  O  S  C  P  B  K  N  V  M  R
14 15 16 17 18 19 20 21 22 23 24 25 26
 Y  E  Q  H  T  J  A  X  F  L  Z  I  G
```

4

```
M A Z E . H Y P H E N
I . E W E . E . . O .
D U P L E X . A J A R
D . U . A . . U . . .
L E T . V A C A T E S
E . E . A . . U . . .
S Q U I R M S . E B B
. M . . U R . M . . .
G A P S . S A F A R I
A . P . A L L . . T .
S P R A N G . Y A K S
```

```
 1  2  3  4  5  6  7  8  9 10 11 12 13
 U  G  C  E  Z  K  M  B  R  Q  Y  P  S
14 15 16 17 18 19 20 21 22 23 24 25 26
 F  X  J  V  N  D  H  A  L  O  T  W  I
```

5

```
T R A M P . F L A G S
E . D . R U E . D U O
P H O T O . W R U N G
E A R . J . . L . G .
E Y E . E X A C T L Y
. . . C . C . . . . .
Q U A R T E R . S U B
U . N . . O . E R A .
E A G L E . B L I N K
E R E . V I A . Z . E
N E R V E . T E E M S
```

```
 1  2  3  4  5  6  7  8  9 10 11 12 13
 D  W  X  A  J  K  B  V  G  M  F  L  H
14 15 16 17 18 19 20 21 22 23 24 25 26
 Z  O  R  P  N  U  Y  S  I  C  T  E  Q
```

6

```
. R . J . I . S . T .
S E Q U I N . I C E D
. S . N . D E G R E E
F I C K L E . H Y M N
E G O . A X L E . . .
E N T E R . A D O P T
. . . S K I T . W O O
G O E S . N E W E S T
A B L A Z E . H . T .
P O K Y . P R O V E D
. E . S . T . A . D .
```

```
 1  2  3  4  5  6  7  8  9 10 11 12 13
 E  K  L  W  A  J  G  R  Z  M  Y  Q  U
14 15 16 17 18 19 20 21 22 23 24 25 26
 S  C  H  F  I  P  D  V  N  O  B  X  T
```

7

```
A M M O N I A . Z I P
C O O . O . J . O R E
T O T . T R A I N E R
. . T . I . R . E . F
B R O O C H . E D G E
O . . W E A V E . . C
U R G E . S I L E N T
N . L . D . R . X . .
C R O Q U E T . A W E
E A R . K . U . C O N
S P Y . E L E C T E D
```

```
 1  2  3  4  5  6  7  8  9 10 11 12 13
 F  Y  B  U  E  N  P  O  K  I  Q  T  S
14 15 16 17 18 19 20 21 22 23 24 25 26
 J  M  V  A  H  D  L  X  G  C  R  W  Z
```

8

```
T A S K . U N S A F E
O . Q . O . R U G . .
P L U M . J O K I N G
P E A . B U N . D . S
L E S S . K . P . . .
E . H O W E V E R . A
. . . Y . B . P A W S
I . O . R O T . M O P
D U P L E X . O B O E
E R E . L . L . L . C
A N N O Y S . Z E S T
```

```
 1  2  3  4  5  6  7  8  9 10 11 12 13
 R  Y  B  X  I  E  Z  J  S  V  L  T  P
14 15 16 17 18 19 20 21 22 23 24 25 26
 O  C  Q  D  W  N  K  M  A  U  G  F  H
```

9

```
    S I     S A G   A
  S T U N   W R O N G S
  P A R T   I M P   E
  A N N O Y S   H O S E
  Z       H   E
  B A N J O   B R O W S
    O       V       E
  O K A Y   E Q U A L S
    E   F I X   R I D E
  S P R U C E   G R E W
    T   L E D   E   D
```

1	2	3	4	5	6	7	8	9	10	11	12	13
Y	W	R	U	Q	Z	K	S	J	H	D	G	X
14	**15**	**16**	**17**	**18**	**19**	**20**	**21**	**22**	**23**	**24**	**25**	**26**
M	V	E	N	F	T	B	P	O	C	I	A	L

10

```
  F E V E R   O O Z E D
  A   A   H   W   I R E
  L E T T U C E   P A L
  S       B   P       A
  E W E   A I M   I C Y
      J A R   I N N
  A R E   B O X   G Y M
  L   C   T       A
  A C T   S Q U E A K Y
  R U E   P   R   G   B
  M E D I A   E L O P E
```

1	2	3	4	5	6	7	8	9	10	11	12	13
V	M	S	O	D	L	J	K	H	Y	G	U	Z
14	**15**	**16**	**17**	**18**	**19**	**20**	**21**	**22**	**23**	**24**	**25**	**26**
P	T	C	N	B	A	W	Q	R	F	X	E	I

11

```
  D U E   A R T   A G O
  R   C   P E R   B O X
  A C H I E V E   S O Y
  G   O   M       U   G
      J A M B O R E E
  S R C   L   D   N
  Q U E N C H E D
  U   M   U       G   F
  A L E   S O P R A N O
  W E D   E W E   Z   R
  K E Y   D E N   E L K
```

1	2	3	4	5	6	7	8	9	10	11	12	13
K	L	C	W	S	E	A	M	Q	H	P	D	F
14	**15**	**16**	**17**	**18**	**19**	**20**	**21**	**22**	**23**	**24**	**25**	**26**
T	I	G	Z	Y	U	V	O	R	N	B	J	X

12

```
    B   R U E   A R K
  S I Z E   L   J I N X
  K   M O O   A D O
  K I L O   P U R I T Y
  N   T H E M   N
  V I D E O   P A G E D
      R   M A S T   Q
  C L O S E R   T H U S
  O W L   E R A   A
  V A S E   N   C A L I F
  F E D   A S H   S
```

1	2	3	4	5	6	7	8	9	10	11	12	13
G	U	T	C	M	Y	Q	D	X	N	W	P	A
14	**15**	**16**	**17**	**18**	**19**	**20**	**21**	**22**	**23**	**24**	**25**	**26**
V	I	O	H	L	R	J	K	B	Z	S	F	E

13

```
  C O M M A   C U P I D
  U   E E L   I R E   U
  B R A W L   G N A T S
  E   N   Y E A   C   T
  S I T E   B R E E Z Y
      R   B   L
  E X H A L E   F I L E
  Q   O   A D S   C   J
  U T T E R   O L I V E
  I   E L K   W O E   C
  P A L M S   S T R U T
```

1	2	3	4	5	6	7	8	9	10	11	12	13
K	L	X	C	F	R	Q	G	Y	V	M	I	O
14	**15**	**16**	**17**	**18**	**19**	**20**	**21**	**22**	**23**	**24**	**25**	**26**
S	J	N	U	W	B	H	T	D	E	Z	P	A

14

```
  J A B B E D   Z E A L
    D O E   E   O   W
  F O X Y   C H O K E S
      O   A   M   S
  K E N N E L S   H O P
    J A D E   A T O M
  P E P   L I G H T E R
    C   Q   S   R
  S T R U M S   O V A L
    E   I   U   B I N
  E D I T   E S S A Y S
```

1	2	3	4	5	6	7	8	9	10	11	12	13
J	O	M	C	I	N	S	W	Z	P	Q	U	A
14	**15**	**16**	**17**	**18**	**19**	**20**	**21**	**22**	**23**	**24**	**25**	**26**
Y	B	X	E	R	D	V	F	L	T	G	H	K

15

```
  J U M B O   S T A F F
  A   O A K   A   M O O
  C A P T A I N   A X E
  K   E   Y   D   Z
  P O S E S   S T E E R
  O   L       O   E
  T H E M E   T W I R L
    L   V   R   D   A
  D A B   E Q U A L L Y
  E G O   R   E W E   E
  N E W L Y   R E D I D
```

1	2	3	4	5	6	7	8	9	10	11	12	13
Y	E	F	K	Z	Q	A	B	X	P	W	N	L
14	**15**	**16**	**17**	**18**	**19**	**20**	**21**	**22**	**23**	**24**	**25**	**26**
V	U	R	G	J	M	S	D	O	T	H	C	I

16

```
  P I P E   J U M P E D
  V E X   U   A   Q
  T Y P I N G   S L U G
      S       K   A
  S C A T T E R   F L Y
  P U P S   G   S O L E
  A R T   J O C K E Y S
    L   L   E
  S I Z E   A U T H O R
  E   A   G   C O W
  B R O N C O   H E E L
```

1	2	3	4	5	6	7	8	9	10	11	12	13
X	I	W	H	O	T	K	E	Y	G	N	M	R
14	**15**	**16**	**17**	**18**	**19**	**20**	**21**	**22**	**23**	**24**	**25**	**26**
Q	L	S	V	C	Z	U	P	D	B	A	F	J

17

```
M O P . J O I N T L Y
E R A . E . N . W O E
S E T B A C K . O W N
H . . N . E . S . . .
I D L E S . D R O V E
N . A . . . . M . . X
G A Z E S . Q U E S T
. . I . P . U . . . E
F O E . E D I T I O N
A D S . A . P . R I D
R E T I R E S . E L S
```

1 F	2 I	3 R	4 K	5 U	6 O	7 H	8 W	9 Z	10 G	11 L	12 B	13 P
14 M	15 T	16 A	17 D	18 Q	19 N	20 V	21 E	22 Y	23 C	24 J	25 X	26 S

18

```
S H R U B . E D G E S
C . E . U . A Y E . I
E L F . S P R E E . Z
N . O . L . . . . . E
T O R P E D O . P O D
. . M . J O B . R . .
E S S . E N E M I E S
Q . . C . . . V . . L
U . O F T E N . A X E
I . W O E . A . T . E
P I L E D . B R E A K
```

1 Y	2 W	3 B	4 P	5 F	6 R	7 E	8 X	9 A	10 I	11 T	12 Z	13 O
14 V	15 Q	16 L	17 U	18 G	19 H	20 D	21 M	22 K	23 C	24 N	25 J	26 S

19

```
Z O N I N G . S W A B
. L E T . A . L O G .
K I T E . S Q U E A L
. V . M . R . . I . .
P E A . C O M P A N Y
. L E A N E S T . . .
S H E R B E T . E B B
. O . A . . J . L . .
T O S S E D . I D E A
. F O E . O . N U N .
A S P S . T U X E D O
```

1 M	2 O	3 N	4 Y	5 I	6 T	7 K	8 L	9 Q	10 H	11 X	12 U	13 F
14 R	15 E	16 V	17 G	18 P	19 B	20 D	21 S	22 A	23 C	24 J	25 Z	26 W

20

```
J O Y . D U R A B L E
A W E . I . E . O I L
C L A M S . V A N E S
K . . . T . . . A . .
P I E . U R G E N C Y
O . Q . R . A . Z . I
T H U M B E D . A X E
. . A . . G . . L . .
O F T E N . E A S E D
W O O . U . T . O R E
E R R A N D S . W E D
```

1 Z	2 P	3 F	4 B	5 U	6 D	7 H	8 R	9 A	10 E	11 C	12 T	13 O
14 G	15 L	16 I	17 M	18 N	19 V	20 W	21 J	22 Q	23 K	24 Y	25 X	26 S

21

```
J E W E L E R . O A F
O R E . A . E . W . A
G E E . M O N K E Y S
. . D . P . E . . . T
B R I M S . W E D G E
E . E . . . . R . S .
H O R S E . Q U I L T
A . . X . U . Z . . .
V E H I C L E . Z O O
E . U . E . E . L A W
D U E . L A N T E R N
```

1 L	2 C	3 P	4 H	5 V	6 J	7 O	8 Y	9 I	10 S	11 Z	12 B	13 A
14 K	15 F	16 U	17 W	18 D	19 M	20 G	21 Q	22 N	23 R	24 T	25 X	26 E

22

```
. A C E . A . G . F .
D U L L . S Q U E A K
. T A S K S . M E T .
V O W . N E E D L E S
E . . J O T . R . . .
T R O U T . O O Z E S
. . K . U M P . . A .
D E F E N S E . G A G
. C A B . I N D E X .
T H R O W N . O N L Y
. O . X . G . T E E .
```

1 K	2 S	3 T	4 N	5 Z	6 Y	7 P	8 I	9 X	10 B	11 M	12 E	13 G
14 R	15 F	16 U	17 A	18 J	19 O	20 W	21 C	22 L	23 Q	24 H	25 V	26 D

23

```
S P A . I N E X A C T
H O G . N . L . G O O
A T O M S . K . H U I
D . . . E S S . O . .
O B J E C T . Q U I P
W . U . T A B . N . A
Y E N S . L E A D E R
. . G . E L F . . . A
O W L . V . O O Z E D
D O E . E . R . A R E
D E S E R V E . G A S
```

1 U	2 V	3 D	4 J	5 E	6 Z	7 Y	8 G	9 P	10 K	11 A	12 B	13 L
14 S	15 N	16 C	17 H	18 I	19 T	20 M	21 R	22 W	23 F	24 Q	25 O	26 X

24

```
P A I R . N O T I C E
I . M . X . D O N . .
Z E A L . B E Y O N D
Z A G . U R N . L . S
A R E A . E . G . . .
S . S N O W I E R . Q
. . . T . I . M E N U
F . I N K . D U E . .
O W N I N G . J U T S
G O T . C . . C . . T
S O O T H E . V E T S
```

1 X	2 F	3 S	4 Z	5 I	6 E	7 D	8 W	9 T	10 Y	11 B	12 A	13 C
14 J	15 P	16 L	17 M	18 K	19 O	20 G	21 R	22 H	23 V	24 Q	25 U	26 N

25

```
. M M . O A F . J .
D A Z E . U G L I E R
A T O M . G O O . S .
B R O O C H . R A T E
. O . . T . A . . .
K N O T S . C L O U D
. A . . Q . . . N .
H O A X . U N W I S E
. M . I C E . E V E N
P I A N O S . D Y E D
. T . G O T . S . N
```

1 Q	2 T	3 H	4 F	5 Y	6 S	7 B	8 W	9 K	10 V	11 L	12 I	13 D
14 G	15 C	16 N	17 U	18 E	19 J	20 Z	21 A	22 P	23 R	24 O	25 X	26 M

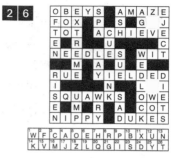

26

```
O B E Y S . A M A Z E
F O X . P . S . G J
T O T . A C H I E V E
E . R . U . . . . C
N E E D L E S . W I T
. M . A . U . E . .
R U E . Y I E L D E D
I . N . . . L . I .
S Q U A W K S . O W E
E . M . R . A . C O T
N I P P Y . D U K E S
```

1 W	2 F	3 C	4 A	5 O	6 E	7 H	8 R	9 P	10 B	11 X	12 U	13 N
14 K	15 V	16 M	17 J	18 Z	19 L	20 Q	21 G	22 I	23 S	24 D	25 Y	26 T

27

```
J E T . P O T . E L S
A G O . A . U . V A T
C O M P L E X . E Y E
K . B . E . N . A .
. . C R E D I T E D .
E . A . H . O . S Y
V A N Q U I S H . .
A . Y . B . . F . A
D E W . A M A Z I N G
E R A . R . R . U E
D R Y . B I T . E N D
```

1 G	2 Q	3 W	4 M	5 A	6 D	7 F	8 S	9 L	10 K	11 V	12 O	13 T
14 Z	15 N	16 Y	17 P	18 B	19 C	20 J	21 R	22 E	23 H	24 U	25 I	26 X

28

```
. A G E . A . I L .
A C R E . B A N J O S
. H E L L O . S U B .
M E W . A D O P T E D
U . D Y E . E . . .
D O Z E S . S C U F F
. A . B I T . . O .
Q U A R T E T . M A X
P I E . L E V E R .
M O R S E L . I N K S
. N . T . S . A D S
```

1 X	2 T	3 Q	4 U	5 W	6 P	7 K	8 V	9 C	10 A	11 E	12 O	13 H
14 N	15 R	16 D	17 G	18 Y	19 J	20 F	21 I	22 Z	23 L	24 S	25 B	26 M

29

```
Q U E E N . A P A R T
U . L . U . B A D . A
A L B U M . I N D E X
I . O . B E D . E . E
L A W N . M E N D E D
. . A R I S E . . .
F I D G E T . T A C K
U . R . A S H . W . N
S T O O P . A M A Z E
S . V I E . V . K L
Y I E L D . E J E C T
```

1 P	2 U	3 O	4 B	5 Z	6 A	7 S	8 C	9 M	10 L	11 F	12 J	13 T
14 G	15 I	16 Y	17 D	18 W	19 N	20 V	21 K	22 Q	23 H	24 E	25 R	26 X

30

```
R A D I S H . F A T E
. G Y M . E . O . E
K E E P . L U X U R Y
. O . L . Y . . R .
O V E R J O Y . B A D
. I N T O . E P I C
L E D . B O A R D E D
. W . F . D . I . .
L I Q U I D . Z I P S
. N . R . E . E R A
U G L Y . R E S E T S
```

1 G	2 M	3 W	4 U	5 T	6 S	7 K	8 N	9 F	10 J	11 C	12 H	13 Q
14 V	15 A	16 L	17 B	18 I	19 D	20 X	21 Y	22 E	23 Z	24 O	25 R	26 P

31

```
C L A W S . B E E T S
H . P E A . R . Q I
E X P E N S E . U M P
C . L . D . W . A .
K N E E S . S O L O S
E . R . . . U . P .
D R E A M . F R O Z E
. V . A . E . I . E
G E E . J A N G L E D
A . R . O . C U E E
S H Y E R . E N D E D
```

1 P	2 J	3 T	4 E	5 X	6 L	7 S	8 R	9 V	10 U	11 N	12 B	13 Q
14 Y	15 C	16 D	17 H	18 A	19 W	20 O	21 M	22 I	23 G	24 F	25 Z	26 K

32

```
S P E A R . S H E E R
Q . I R E . H E X . E
U R G E D . A M A Z E
A . H . O A K . M . F
D U T Y . L E A S E S
. . . I C I N G . . .
P U R P L E . E L S E
O . E . I N N . O J
S W A R M . E V A D E
E . C U B . A I D C
D O T E S . R E S E T
```

1 D	2 M	3 O	4 A	5 F	6 S	7 K	8 P	9 X	10 Z	11 J	12 G	13 L
14 Y	15 B	16 E	17 V	18 T	19 R	20 Q	21 I	22 N	23 U	24 C	25 H	26 W

33

ASH YEARNED / WOO E U IVY / EXPLAIN FEE / S S T T / OUGHT SEIZE / M R E J / EQUAL SPREE / N A T C / NET SCARLET / ARE S L OWE / PADLOCK BED

1	2	3	4	5	6	7	8	9	10	11	12	13
V	F	N	G	X	Q	I	Z	D	E	A	K	M

14	15	16	17	18	19	20	21	22	23	24	25	26
P	T	H	R	B	C	L	S	W	U	J	Y	O

34

CANOE PLANS / L E L RID Q / IRE FRETS U / MUD V A / BELIEVE HIT / E YEN A / GAS EXTINCT / R B DOE / A JERKS BOX / Z AGO A A T / ELBOW PAGES

1	2	3	4	5	6	7	8	9	10	11	12	13
Q	K	O	D	G	L	Z	W	H	P	X	C	B

14	15	16	17	18	19	20	21	22	23	24	25	26
F	V	Y	J	R	N	I	E	A	S	M	T	U

35

JOYFUL COPS / PEA I OWL / VENT DINNER / R E V A / ZAG ALMONDS / ODD AYE / CHOWDER TOY / O E Q B / POOLED UPON / PAL Y IRE / ASKS EXPOSE

1	2	3	4	5	6	7	8	9	10	11	12	13
E	C	T	J	H	P	K	N	Q	Z	O	U	I

14	15	16	17	18	19	20	21	22	23	24	25	26
X	W	V	Y	A	S	M	F	D	B	L	R	G

36

DYES EXTEND / O U W AGO / JUMBLE COZY / D O Z / TRIUMPH ALL / HERE I FREE / ELK REQUEST / E T R / MAMA KERNEL / SAX E O E / VERIFY WILD

1	2	3	4	5	6	7	8	9	10	11	12	13
B	Z	C	G	W	D	M	S	E	H	U	Y	A

14	15	16	17	18	19	20	21	22	23	24	25	26
R	X	F	T	V	I	J	Q	L	K	O	P	N

37

QUACK CUBES / U HUE H LAP / EVERY ABATE / L A N Z A / LADYBUG ERR / X A E U / EEL BEDTIME / B I O R N / BANJO FAKED / ELK N OWE E / DESKS REDID

1	2	3	4	5	6	7	8	9	10	11	12	13
M	X	A	H	W	C	U	T	K	G	V	F	B

14	15	16	17	18	19	20	21	22	23	24	25	26
Q	R	Z	P	L	O	S	E	N	I	Y	D	J

38

B EBB ARK / FUNNEL JINX / R GEE APE / DELI SHREWD / A NOSY S / QUEEN MATCH / V CONS O / PLACED LAZY / ADO DYE I / EVER LEERED / ASK YAP R

1	2	3	4	5	6	7	8	9	10	11	12	13
S	E	Z	R	Y	L	X	M	H	C	A	B	V

14	15	16	17	18	19	20	21	22	23	24	25	26
W	O	U	G	P	F	T	N	Q	D	K	J	I

39

ICE MAJORED / NOR E I IVY / SWARM N BEE / E BOX B / CASHEW ZIGS / T Q RIG N A / SLUG NUGGET / E AGE I / PEA C SOLOS / OAK R T OAF / DRYNESS PRY

1	2	3	4	5	6	7	8	9	10	11	12	13
B	X	U	S	L	K	E	J	G	M	C	F	H

14	15	16	17	18	19	20	21	22	23	24	25	26
N	O	T	P	W	V	D	Y	I	A	R	Z	Q

40

COWS BROOCH / L A U BOO / ACRE OBLONG / MOM IVY E S / MOTH E G / Y HOARDED B / W J MEMO / Q O SOX FAT / UPPITY KEPT / IRE U A O / ZONING ITEM

1	2	3	4	5	6	7	8	9	10	11	12	13
I	U	R	Q	O	A	Z	X	Y	W	C	V	F

14	15	16	17	18	19	20	21	22	23	24	25	26
S	L	B	M	G	J	N	H	D	P	K	T	E

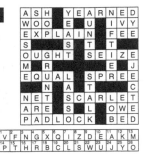

41

```
.  B  M  .  F  E  D  .  Q  .
D  U  P  E  .  A  V  E  N  U  E
I  R  O  N  .  K  E  G  .  I  .
M  E  D  D  L  E  .  R  A  Z  Z
.  A  .  .  .  S  .  E  .  .
J  U  I  C  Y  .  F  E  T  C  H
.  .  L  .  R  .  R  .  .  R  .
D  E  L  I  .  O  X  Y  G  E  N
.  A  .  N  E  W  .  A  I  D  E
S  T  A  G  E  D  .  K  N  I  T
.  S  .  S  L  Y  .  S  .  T  .
```

1 D	2 R	3 I	4 Z	5 B	6 S	7 U	8 K	9 T	10 M	11 O	12 F	13 E
14 A	15 Y	16 G	17 C	18 J	19 V	20 Q	21 X	22 N	23 H	24 W	25 L	26 P

42

```
C  H  E  A  P  .  W  A  L  T  Z
L  A  X  .  E  .  O  N  E  .  O
A  S  H  .  P  R  O  T  E  I  N
P  .  A  .  U  .  .  A  .  .  E
S  Q  U  I  R  M  S  .  F  A  D
.  .  S  .  E  .  A  .  R  .  .
J  E  T  .  V  A  G  U  E  L  Y
E  .  .  .  D  .  .  E  .  .  I
R  U  B  B  I  S  H  .  D  O  E
K  .  Y  E  N  .  A  .  O  W  L
S  L  E  E  K  .  T  I  M  E  D
```

1 P	2 J	3 S	4 R	5 B	6 U	7 I	8 D	9 H	10 M	11 Z	12 W	13 O
14 N	15 E	16 T	17 F	18 L	19 C	20 Q	21 Y	22 V	23 G	24 X	25 A	26 K

43

```
J  O  B  .  E  W  E  .  A  P  E
U  .  E  .  B  O  X  .  M  A  N
S  H  E  R  B  E  T  .  A  L  L
T  .  F  .  .  I  .  Z  .  I  .
.  .  .  O  P  E  N  N  E  S  S
N  .  D  .  L  .  C  .  D  .  T
A  D  E  Q  U  A  T  E  .  C  .
T  .  L  .  G  .  .  .  C  .  A
I  C  E  .  G  A  M  B  L  E  S
V  A  T  .  E  Y  E  .  U  .  K
E  R  E  .  D  E  W  .  E  L  S
```

1 N	2 O	3 U	4 V	5 L	6 Z	7 R	8 Q	9 D	10 X	11 Y	12 W	13 P
14 C	15 E	16 F	17 I	18 A	19 G	20 K	21 S	22 H	23 M	24 T	25 B	26 J

44

```
T  H  E  M  .  M  .  C  .  E  .
.  A  D  O  .  A  W  A  R  D  S
.  Z  I  P  P  Y  .  T  U  G  .
B  E  T  .  R  O  T  A  T  E  S
U  .  .  F  O  R  .  L  .  .  .
S  Q  U  A  D  .  M  O  U  T  H
.  .  N  .  D  U  G  .  U  .  .
S  A  F  A  R  I  S  .  G  A  B
.  J  O  T  .  N  E  V  E  R  .
W  A  X  I  N  G  .  O  N  E  .
.  R  .  C  .  Y  .  W  E  A  K
```

1 X	2 B	3 C	4 W	5 I	6 G	7 K	8 U	9 T	10 V	11 F	12 M	13 A
14 R	15 L	16 S	17 N	18 Y	19 Z	20 H	21 O	22 E	23 Q	24 J	25 D	26 P

45

```
E  A  C  H  .  A  D  V  I  S  E
.  W  O  O  .  P  .  A  .  Q  .
B  E  W  A  R  E  .  S  O  U  R
.  .  X  .  .  E  .  E  .  E  .
A  B  S  E  N  C  E  .  F  A  N
G  O  E  S  .  O  .  P  O  K  E
O  N  E  .  S  T  A  L  E  S  T
.  A  .  S  .  .  E  .  .  .  .
G  N  A  W  .  J  U  N  G  L  E
.  Z  .  A  .  A  .  T  O  E  .
B  A  N  T  A  M  .  Y  O  G  A
```

1 A	2 T	3 D	4 M	5 I	6 Q	7 W	8 B	9 U	10 G	11 V	12 F	13 N
14 X	15 O	16 Z	17 H	18 R	19 P	20 J	21 E	22 L	23 S	24 K	25 C	26 Y

46

```
B  L  A  Z  E  .  I  T  E  M  S
A  .  P  A  Y  .  N  .  M  A  T
S  U  R  G  E  .  H  I  P  P  O
I  .  O  .  .  E  .  T  .  M  .
C  O  N  Q  U  E  R  .  Y  A  P
.  D  .  N  .  I  .  C  .  .  .
F  E  E  .  K  I  T  C  H  E  N
A  .  X  .  N  .  .  .  .  I  E
M  O  T  T  O  .  J  O  K  E  R
E  A  R  .  W  .  A  R  E  .  V
D  R  A  I  N  .  W  E  D  G  E
```

1 Y	2 V	3 W	4 B	5 Z	6 I	7 Q	8 H	9 S	10 J	11 O	12 G	13 F
14 C	15 X	16 M	17 P	18 R	19 N	20 L	21 A	22 U	23 K	24 T	25 E	26 D

47

```
O  L  I  V  E  .  Q  U  O  T  A
B  .  S  A  X  .  U  .  B  O  X
J  U  S  T  I  C  E  .  E  W  E
E  .  U  .  T  .  E  .  Y  .  .
C  H  E  F  S  .  N  O  S  E  D
T  .  A  .  .  L  .  .  .  O  .
S  P  U  R  S  .  I  D  L  E  D
.  .  R  .  U  .  M  .  .  Y  .
G  I  G  .  R  E  A  L  I  Z  E
A  R  E  .  L  .  G  I  N  .  R
P  E  S  K  Y  .  E  D  G  E  S
```

1 M	2 C	3 X	4 N	5 I	6 L	7 F	8 V	9 D	10 W	11 U	12 A	13 O
14 K	15 Y	16 Z	17 B	18 Q	19 P	20 J	21 R	22 H	23 T	24 E	25 S	26 G

48

```
A  R  M  .  A  L  C  O  H  O  L
M  O  O  .  N  .  A  D  O  .  A
A  D  M  I  T  .  P  E  R  K  Y
Z  .  .  .  I  .  .  I  .  .  .
I  V  Y  .  Q  U  I  Z  Z  E  S
N  .  E  .  U  .  N  .  O  .  E
G  O  L  F  E  R  S  .  N  U  T
.  .  .  P  .  .  .  P  .  .  T
J  U  I  C  E  .  E  X  C  E  L
O  .  N  O  W  .  C  .  O  R  E
B  I  G  G  E  S  T  .  P  A  D
```

1 A	2 U	3 Z	4 T	5 M	6 K	7 G	8 X	9 E	10 I	11 Y	12 V	13 S
14 R	15 W	16 O	17 C	18 L	19 B	20 P	21 J	22 Q	23 H	24 F	25 D	26 N

49

```
G A B S . C O U P O N
R I . . U . . U . E .
O A K S . P R E F I X
O . I . H I S . F . T
V I N E . G . J . . .
E . I N S T E A D . L
. . D . A . M A Z E .
O . M N I P . I . V .
D I E S E L . K N E E
D . N . W . . T . L .
S Q U A S H . E Y E S
```

1 W	2 N	3 P	4 S	5 T	6 L	7 Z	8 J	9 Y	10 G	11 V	12 C	13 U
14 O	15 K	16 F	17 Q	18 R	19 E	20 B	21 H	22 D	23 I	24 X	25 A	26 M

50

```
S U . B U S . C . J .
T O N . O . P I A N O
E . W . W H Y . S . L
P U R P L E . N E X T
. . A . . F R Y . . E
P O P . U . I . S A D
I . . L A P . Q . . .
C A V E . S P O U T S
K . E . S K I . . . I
A M A Z E . N . A N D
X . L . E G G . K . E
```

W	T	U	B	O	V	E	I	Y	N	K	L	J
S	Q	Z	R	X	A	M	C	F	G	P	D	H

51

```
S . I . J . T . E . F
T E M P O . U N C L E
A . P . B O X . H . E
N O S Y . R E P O R T
Z . . . F E D . E . .
A R K . I . O . D U E
. . N E L S . . . . Q
T R I F L E . M E N U
O . V . D E W . G . A
T H E S E . A N G E L
E . S . R Y S . S . S
```

1 P	2 H	3 M	4 E	5 F	6 Z	7 A	8 J	9 N	10 C	11 T	12 G	13 O
14 B	15 V	16 S	17 R	18 K	19 Q	20 I	21 D	22 L	23 Y	24 X	25 U	26 W

52

```
B A D . J O C K E Y S
L . A . U . V . P . .
A L B U M . O P E R A
Z . . . B . N . . . .
I C E . L I Q U I D S
N . X . E . U . N . I
G R A N D P A . G Y M
. . M . . R . . . . I
C H I E F . T W I R L
O . N . O . N . A . .
P R E S E N T . N O R
```

Z	P	F	B	U	D	H	R	A	E	C	T	O
G	L	I	M	N	V	W	J	Q	K	Y	X	S

53

```
P E A R L . E Q U I P
E . L . U . X . N . E
C U I N G . A L I V E
A . E . M . T . K . .
N O N S T O P . E L S
. W . H . L . . I . .
E L F . E J E C T E D
D . R . A . O . . O A
G L O A T . M O W E D
E . Z . E . O . E . D
S T E E R . B E R R Y
```

1 R	2 T	3 V	4 S	5 .	6 B	7 C	8 X	9 Q	10 G	11 H	12 L	13 J
14 Y	15 O	16 A	17 Z	18 M	19 K	20 W	21 N	22 D	23 P	24 U	25 E	26 F

54

```
. H . T . T . W A R N
S A F A R I . M O O .
. V . X . T O W E L S
D E N I A L . O N L Y
Y . O . J E E R . . .
E X T R A . A M A Z E
. . O R E S . G . W .
P I E S . B E C O M E
A . . D V E R B . L E
L E E . . E Q U A L S
M A S K . D . E . T .
```

1 L	2 N	3 Z	4 B	5 O	6 M	7 X	8 C	9 I	10 K	11 T	12 U	13 E
14 V	15 Q	16 F	17 H	18 A	19 G	20 D	21 J	22 S	23 P	24 W	25 Y	26 R

55

```
C A B . I N S E C T S
H . O N . Q . O . . U
A C O R N . U . M O B
R . . . E R A . P . .
M A J O R . D F I A Y
. D E N . . . G E T .
B O W E D . F O X E S
. E . O W L . . . . T
E E L . Z . I G L O O
V . E . E . P . I . C
E R R A N D S . E L K
```

1 O	2 F	3 V	4 A	5 R	6 B	7 M	8 Q	9 P	10 E	11 N	12 X	13 T
14 H	15 K	16 D	17 Y	18 Z	19 G	20 W	21 J	22 S	23 U	24 I	25 L	26 C

56

```
E L B O W . F I N E R
X . U . I . L . O . O
A D M I T . E Q U I P
C . P . H E X . N . E
T O Y S . V E R S E S
. . . . T H E S E . .
C R A Y O N . F I R E
O . U . A T E . M . J
M I N O R . G R A Z E
E . T . D . G . G . C
T A S K S . S L E P T
```

1 E	2 G	3 C	4 U	5 Y	6 X	7 H	8 L	9 Q	10 I	11 R	12 Z	13 M
14 K	15 V	16 D	17 W	18 S	19 A	20 N	21 O	22 F	23 T	24 J	25 B	26 P

5 7

```
M J . T A B . O .
H I V E . U P O N
U N I T . I N N . Z
G U E S T S . D I E T
. T . . T . L .
V E X E S . F E E D S
. Q . C . . E .
M E N U . O K A Y E D
. P . I C Y . C O P Y
L I M P . L . R U L E
. C . S T Y . E . Y
```

1 G	2 Z	3 W	4 S	5 D	6 M	7 O	8 A	9 P	10 I	11 X	12 R	13 F
14 H	15 K	16 L	17 Y	18 V	19 N	20 C	21 Q	22 U	23 B	24 J	25 E	26 T

5 8

```
D R A M A . Q U E E N
W . P . L . V . U
A G O . L A Z I E S T
R . L . X . . . T
F R O W N E D . J A Y
. G . A . U . A .
L A Y . B L O T C H Y
A . . I . K . I
P R O B L E M . P I E
E . D . . A . O . L
L O D G E . N O T E D
```

1 F	2 T	3 V	4 Y	5 D	6 E	7 I	8 X	9 C	10 A	11 Z	12 O	13 N
14 S	15 M	16 P	17 Q	18 U	19 L	20 G	21 H	22 W	23 K	24 R	25 B	26 J

5 9

```
W H O . J U G . C O O
I . O . A . A . R . V
L I Z A R D S . E V E
T . E . . P . E . R
. . . E Q U I P P E D
P E . U . N . Y . O
E X C H A N G E . . .
B . H . C . . F . A
B O O . K I N D E S T
L . E . E . A . E . O
E N D . D A B . D A M
```

1 Z	2 Y	3 I	4 E	5 R	6 W	7 L	8 S	9 O	10 A	11 B	12 V	13 J
14 N	15 H	16 D	17 X	18 M	19 G	20 T	21 U	22 F	23 P	24 Q	25 C	26 K

6 0

```
. H A S . C . B . R .
Q U I P . H A U L E D
. G R A T E . L . E
H E Y . H A Y L O F T
E . . K I T . D .
W A R E S . H O T E L
. T . J O G . . . A
Z E S T F U L . S A X
N . L . M Y T H S .
A D V E R B . R O P E
S . S . O . Y E S .
```

1 F	2 B	3 L	4 R	5 O	6 M	7 C	8 Q	9 N	10 T	11 S	12 W	13 K
14 Y	15 E	16 G	17 H	18 A	19 D	20 I	21 X	22 J	23 P	24 V	25 U	26 Z

6 1

```
. S H E . S . Q . R .
W O O L . C O U S I N
. L A S E R . E . S
B O X . G U A R D E D
O . . M O B . I . .
O A S I S . M E R G E
. S . N O D . . . V
Z E S T F U L . D Y E
. X . A . T E P E E .
J A C K E T . A L L Y
. M . E . Y . T I P .
```

1 L	2 O	3 I	4 Y	5 P	6 D	7 K	8 H	9 J	10 B	11 G	12 A	13 S
14 R	15 W	16 N	17 X	18 T	19 F	20 U	21 V	22 E	23 Q	24 Z	25 M	26 C

6 2

```
E V E N T S . T A C K
. I . U . T . A . O
H A L T . A L B U M S
. M . R . S . P .
O B J E C T S . F L Y
. R U G . . . S E E
Z I G . C O N T E X T
. Q . F . U . O .
T U N I N G . W I F E
. E . R . H . E . O
I T E M . T I D I E R
```

1 E	2 R	3 H	4 V	5 O	6 D	7 U	8 J	9 B	10 S	11 T	12 A	13 L
14 G	15 M	16 Q	17 X	18 C	19 Z	20 N	21 I	22 P	23 W	24 K	25 Y	26 F

6 3

```
F I B S . W H O O P S
A . U . U . U . . K
T A L K . A S T R A Y
. . L . E . K . X .
E N D . Q U I Z Z E D
E . O . U . I . U .
L O G J A M S . P R O
. A . L . T . P .
S T A T I C . V I E W
A . R . T . N . H
D E C O Y S . U G L Y
```

1 K	2 D	3 Y	4 Q	5 C	6 W	7 Z	8 H	9 G	10 M	11 T	12 X	13 S
14 N	15 O	16 V	17 F	18 L	19 R	20 B	21 A	22 P	23 I	24 U	25 J	26 E

6 4

```
Q U I P . F L U F F Y
. S . O . A . G . R
H E A T E D . L O O P
. . A . . . Y . W
C O T T A G E . O N E
U . H O P . L O W . N
E V E . T U M B L E D
. E . L . J . .
A X L E . S N E E Z E
. E . E . K . C . I
A S T R A Y . T A P S
```

1 G	2 B	3 N	4 A	5 E	6 Y	7 L	8 C	9 J	10 P	11 V	12 S	13 R
14 K	15 Q	16 F	17 O	18 W	19 D	20 U	21 Z	22 T	23 X	24 I	25 M	26 H

65

```
O A R . E Y E B R O W
F . U . G . X . A . A
F R E I G H T . V E X
E . . E . R . I . . .
N O S E D . A R O M A
S . Q . . . L . . . N
E Q U I P . C H I N A
. . A . H . L . . . L
S I R . O V E R J O Y
A . E . T . R . O . Z
P A D L O C K . B Y E
```

1 D	2 H	3 X	4 R	5 B	6 J	7 Z	8 W	9 V	10 P	11 C	12 G	13 Q
14 Y	15 L	16 S	17 U	18 K	19 T	20 A	21 F	22 N	23 I	24 E	25 O	26 M

66

```
R E B E L . C O D E S .
A . A . E . O . . I . I
V A N . T H U M P . . X
E . Q . . . R . . . T
S Q U A R E S . J O Y
. . E . U . E . A . .
C O T . M U S I C A L
R . . M . . K . E
A . S C A R F . A P E
M . K . G . E . L . R
S E I Z E . W A S P S
```

1 S	2 L	3 J	4 E	5 M	6 U	7 D	8 F	9 R	10 V	11 Z	12 G	13 T
14 A	15 I	16 P	17 K	18 W	19 C	20 Y	21 N	22 H	23 Q	24 X	25 B	26 O

67

```
J . E . A . P . S . H
O U G H T . R I N S E
Y . G . E V E . O . R
F A S T . E C H O E D
U . . A X E . Z . .
L U G . M . D . E L K
. . U . O W E . . N
U N I Q U E . F A D E
R . T . N E W . D . A
G I A N T . E N D E D
E . R . S . B . S . S
```

1 X	2 E	3 R	4 A	5 P	6 D	7 H	8 Z	9 T	10 Y	11 M	12 F	13 N
14 O	15 U	16 S	17 C	18 W	19 G	20 J	21 K	22 I	23 L	24 Q	25 V	26 B

68

```
F I G . D U R A B L E
O . A . A . U . O . G
R U S T Y . B A N J O
W . . T . . A . . .
A R C . I N V E N T S
R . O . M . I . Z . H
D O N K E Y S . A X E
. . Q . . I . . . A
T H U M B . O F F E R
O . E . O . N . E . E
P A R L O R S . W E D
```

1 D	2 M	3 G	4 L	5 S	6 F	7 I	8 U	9 J	10 T	11 Q	12 B	13 Y
14 K	15 O	16 H	17 E	18 C	19 W	20 V	21 R	22 Z	23 X	24 P	25 A	26 N

69

```
S T E R N . C U B E S
Y . Q . O I L . U . H
R O U N D . E E R I E
U . A . A . R . L
P E L I C A N . O A F
. G . . R . E . X
J O G . O R D E R E D
U . A . C . . A . I
M O U T H . D O Z E S
P . G . E V E . O . K
S L E E T . W O R K S
```

1 H	2 X	3 J	4 E	5 V	6 Q	7 R	8 A	9 C	10 F	11 P	12 I	13 N
14 M	15 Z	16 Y	17 G	18 W	19 B	20 S	21 U	22 D	23 O	24 K	25 T	26 L

70

```
. Q . O . C . F I L M
Q U E N C H . . C O O
. I . C . I N T E N D
A P P E A L . E D G E
D . I . J I N X . .
O P E R A . U T T E R
. . . A R I D . O . E
S P A N . V E S T E D
C U C K O O . I . W
A R E . R A Z Z E S
B E S T . Y . E . S
```

1 B	2 Z	3 P	4 R	5 H	6 W	7 K	8 I	9 N	10 L	11 X	12 Y	13 A
14 S	15 Q	16 O	17 T	18 F	19 J	20 G	21 M	22 V	23 U	24 C	25 D	26 E

71

```
S A Y . A N C H O V Y
C . O . X . R . K . E
E Q U A L . A G A I N
N . . E L F . Y . .
T A R P S . T R I O S
. W H O . . E N D .
F E U D S . E D G E S
. . B . I N N . . A
A M A Z E . J U M P S
I . R . G . O . A . S
R U B B E R Y . N A Y
```

1 Q	2 X	3 D	4 W	5 K	6 L	7 S	8 N	9 B	10 T	11 A	12 J	13 I
14 O	15 F	16 P	17 H	18 Y	19 Z	20 G	21 R	22 C	23 E	24 M	25 V	26 U

72

```
U M P S . M E S H E D
N . . I . C . O . U
J A C K . S H R A N K
U . K . T W O . X . E
S W U M . I . I . .
T . P U F F I N G . B
. G . T . K I L O
Q . G . F L Y . V . I
U N R U L Y . M I L L
I . A . E . . N . E
Z E B R A S . A G E D
```

1 C	2 V	3 K	4 B	5 W	6 N	7 Y	8 F	9 J	10 X	11 I	12 T	13 Q
14 G	15 M	16 O	17 S	18 L	19 A	20 H	21 P	22 U	23 Z	24 E	25 D	26 R

73

```
R O B E S   Z E B R A
E   A   Q   O   L   L
S U N B U R N   O W L
U   J   A   E   O   O
M O O E D   D U M P Y
E   L       S       A
S T I F F   P E C A N
  N   U   A   H   K
E N D   R A V I O L I
L   E   R   E   I   N
S I X T Y   S H R U G
```

1	2	3	4	5	6	7	8	9	10	11	12	13
D	C	G	V	H	B	X	R	Y	T	S	F	J

14	15	16	17	18	19	20	21	22	23	24	25	26
Q	E	P	I	M	N	Z	U	K	W	A	L	O

74

```
D O T E S   L A S E R
I   W   T   U   Q   E
Z O O M I N G   U R N
Z     F   A   A   E
Y E S   F A D   W O W
    H U E   E L K
S E A   R E V   S A D
H   R   I   U
R A P   E X C L A I M
U   E   G   E   G   P
B A N J O   S H O W Y
```

1	2	3	4	5	6	7	8	9	10	11	12	13
I	B	P	D	J	G	S	H	Y	F	Z	K	N

14	15	16	17	18	19	20	21	22	23	24	25	26
V	Q	O	W	T	L	A	C	M	U	X	R	E

75

```
W E A K   U S E F U L
A   M   Q   I   A
S A M E   H U N G R Y
  O   B   E
B U N   O V E R J O Y
Y   I   R   Z   A   I
E X A M I N E   C A P
  N   D   K
S H R U G S   E P I C
E   A   L   O   O
A L W A Y S   S T E P
```

1	2	3	4	5	6	7	8	9	10	11	12	13
R	S	K	W	O	J	T	Q	L	N	G	I	D

14	15	16	17	18	19	20	21	22	23	24	25	26
Z	H	Y	F	P	A	U	M	X	E	V	B	C

76

```
  H A S   S   F   F
J O L T   C R I T I C
  S L Y E R   G   R
K E Y   V A C U U M S
I     P E P   R
N Y L O N   B E G U N
  S   S O D   I
W H E T H E R   L A B
A   E   I N D E X
Q U A R T Z   Y E L L
  L   S   E   E R E
```

1	2	3	4	5	6	7	8	9	10	11	12	13
H	Z	B	S	E	C	M	G	Q	F	U	T	W

14	15	16	17	18	19	20	21	22	23	24	25	26
Y	L	P	I	R	X	A	D	K	V	N	O	J

77

```
F A T E D   J E R K Y
R   H   U   U   A   A
E Q U I P   D O Z E N
S   M   E G G   O   K
H O B O   H E A R T S
    W O O D S
L I N E N S   H I V E
A   A   I T S   N   R
T E M P O   W I D E R
C   N   A   E   E
H U S K S   B O X E D
```

1	2	3	4	5	6	7	8	9	10	11	12	13
V	H	E	Y	D	I	Z	P	W	F	B	A	K

14	15	16	17	18	19	20	21	22	23	24	25	26
C	J	T	L	Q	U	G	R	N	O	M	X	S

78

```
Q U A C K S   L O P E
  R   A   M   A   A
O N E S   O O Z I N G
  H   K   Y   C
W I D E N E D   P A Y
N O W     O A K
W E E   H U M B L E D
  X   C   S   J
S A F A R I   E N V Y
  C   M   N   C   I
S T O P   G A T H E R
```

1	2	3	4	5	6	7	8	9	10	11	12	13
K	P	H	I	N	D	L	M	C	R	X	V	G

14	15	16	17	18	19	20	21	22	23	24	25	26
W	F	Y	S	A	E	J	T	Q	Z	O	U	B

79

```
B O L T S   J O K E R
A   A   P   U   N   E
N U Z Z L E D   O A F
Q   E   I   G   W
U P S E T   E A S E L
E   V   S   O
T E P E E   T H R O B
  I   X   A   E   S
S H E   C O M P A C T
K   C   E   D   E
I D E A L   S H Y E R
```

1	2	3	4	5	6	7	8	9	10	11	12	13
B	N	M	T	C	J	D	S	Y	G	H	P	X

14	15	16	17	18	19	20	21	22	23	24	25	26
I	O	E	L	F	W	Q	K	Z	R	U	V	A

80

```
G R A B   J O S T L E
I   A   O   I   A
A G E N C Y   F O X Y
  A     T   E
C A T N A P S   A R K
O   W A S   H A D   I
P R O   H A Y L O F T
E   N     B
D A Z E   S Q U A R E
C   A   L   M   E
T H I R T Y   S A V E
```

1	2	3	4	5	6	7	8	9	10	11	12	13
P	Z	A	Q	L	T	W	E	I	G	C	D	Y

14	15	16	17	18	19	20	21	22	23	24	25	26
M	S	J	B	H	N	U	R	K	F	V	O	X

81

```
S E V E N   P E D A L
H I   E   R   E   E
E X A C T L Y   S U M
L   W   I       I   O
F I B   O W N   G U N
    A I R   U R N
K I N   K I D   S E E
E   Q   G   G     J
Y O U   D R I Z Z L E
E   E   A   N   O   C
D A T E D   G H O S T
```

1	2	3	4	5	6	7	8	9	10	11	12	13
R	Q	H	U	O	A	C	D	W	J	M	X	Y
14	15	16	17	18	19	20	21	22	23	24	25	26
I	Z	L	P	V	N	S	E	T	B	G	F	K

82

```
P U M P S   R A I D S
A   I   U   E   V   Q
N U N   E E L   Y O U
I       A       A   A
C O M P L E X   F I T
    U   O   E   R
G Y M   G A D G E T S
A   J     J   I   I
Z A G   A W E   G A G
E   E   M   B   H   N
S E E K S   B I T E S
```

1	2	3	4	5	6	7	8	9	10	11	12	13
A	C	S	H	P	B	V	W	N	L	J	Y	Q
14	15	16	17	18	19	20	21	22	23	24	25	26
G	T	I	O	X	U	M	F	Z	K	E	D	R

83

```
B L A Z E S   U P O N
E   E   i   S   U
F A I R   P L E D G E
  S   O     F   H
W H O   A D J U S T S
  F O X   E L K
R E F L E C T   I C Y
  Q   D     S   A
H U G E L Y   P E R M
  I   S   A   A   I
S P O T   K I N D E R
```

1	2	3	4	5	6	7	8	9	10	11	12	13
E	R	Y	V	G	B	L	D	C	Z	M	T	I
14	15	16	17	18	19	20	21	22	23	24	25	26
H	F	X	W	N	J	P	O	U	A	Q	K	S

84

```
M U S T A R D   P I E
A   Q   S   R   O   X
Y O U   P R O D U C T
    A     P   N   E
F E D E R A L   D U N
R     O   E   T
E G G   W I T N E S S
T   R   B     J
F L A V O R S   E L K
U   Z   A   C   E
L I E   T I G H T L Y
```

1	2	3	4	5	6	7	8	9	10	11	12	13
G	F	M	D	E	K	J	I	W	B	H	S	U
14	15	16	17	18	19	20	21	22	23	24	25	26
P	O	N	A	C	X	R	Z	Y	Q	T	L	V

85

```
M A L E S   E L B O W
A   E   A X E   U   A
S M A R T   L I G H T
T   V   I     L   C
S U E   S C R E E C H
  R   F   I     O
E N J O Y E D   T O N
Q     D   O   Y
U N I T S   L A P E L
I   N   O R E   A   O
P E S K Y   D O Z E N
```

1	2	3	4	5	6	7	8	9	10	11	12	13
G	D	T	F	P	A	C	Y	Z	R	N	I	S
14	15	16	17	18	19	20	21	22	23	24	25	26
L	V	E	X	U	J	O	Q	B	M	H	K	W

86

```
  E   Q   O   H O B O
A D J U S T     D E W
  I   I   H A R D E N
S T A P L E   A S P S
E   L   A R M Y
W A L T Z   U S I N G
    Y E A S   R     I
S N A P   B E C K O N
T U X E D O   U   A
O D E   V E R I F Y
P E S T   E   E   S
```

1	2	3	4	5	6	7	8	9	10	11	12	13
H	O	D	X	W	E	F	U	Y	Q	K	M	B
14	15	16	17	18	19	20	21	22	23	24	25	26
I	S	J	T	Z	P	R	L	A	G	N	C	V

87

```
A G A I N   P   B U S
R   X   O U R   A   T
E E L   V   O U N C E
      E   E G O   J   R
E A S E L   F L O W N
X   A     A       E
P L A T E   O D D E R
R   C   M O O   U
E Q U I P   Z   P I G
S   T   T I E   E   A
S H E   Y   D I S K S
```

1	2	3	4	5	6	7	8	9	10	11	12	13
N	K	Q	Y	P	O	G	F	V	I	E	R	U
14	15	16	17	18	19	20	21	22	23	24	25	26
S	H	X	L	J	Z	T	C	B	D	M	W	A

88

```
Q U A R T Z   T A K E
U   L   I       N   A
I T S E L F   G Y M S
Z   O   L U G   H   I
      R   M   R O L L
T   E Y E B R O W   Y
I D L E   L   D
M   E   B E T   J   E
B U C K   S A V I N G
E   T       L   N   G
R A S P   F L E X E S
```

1	2	3	4	5	6	7	8	9	10	11	12	13
F	C	M	T	E	S	W	K	H	Q	N	O	Y
14	15	16	17	18	19	20	21	22	23	24	25	26
A	I	R	B	Z	P	U	J	L	G	X	V	D

89

```
. J Z . J O B . P .
R U S E . O . U G L Y
. M A R . K I D . A .
O P P O S E . G E N E
. E . . R . E . . . .
A D M I T . S T U B S
. N . . Q . . . E . .
A R C H . U N W R A P
. O . A X E . H U T .
C O I L . U . I T E M
. F . E V E . R . N .
```

1 K	2 D	3 S	4 Y	5 X	6 I	7 A	8 T	9 F	10 Q	11 J	12 R	13 G
14 B	15 Z	16 M	17 P	18 V	19 H	20 W	21 L	22 N	23 O	24 U	25 C	26 E

90

```
I N K . Q U I V E R S
C . I . U . N . F . A
E X T R E M E . F E W
B . . S . P . E . . .
E X A C T . T A C O S
R . N . . . . T . H .
G R A P H . H U S K Y
. L . U . I . . . N .
J O Y . M I R A C L E
O . Z . I . E . O . S
B L E N D E D . G A S
```

1 U	2 P	3 I	4 A	5 D	6 W	7 G	8 H	9 B	10 Q	11 V	12 T	13 N
14 K	15 Z	16 R	17 L	18 C	19 S	20 F	21 O	22 Y	23 M	24 J	25 X	26 E

91

```
. R . C . W H Y . C .
Z E R O . H . A X L E
. D U O . A R M . A .
P U B L I C . M I N D
. C . . K . E . . . .
D E N S E . F R A N K
. . Q . G . . . . I .
M E N U . R E J E C T
. A . A G O . A W E .
S C A R . V . Y E L P
. H . E V E . S . Y .
```

1 C	2 V	3 O	4 Z	5 H	6 F	7 S	8 Q	9 E	10 T	11 Y	12 X	13 D
14 K	15 N	16 R	17 G	18 M	19 I	20 J	21 U	22 P	23 A	24 L	25 B	26 W

92

```
I C I N G . M O O S E
N . M . R . A . W . L
Q U A L I T Y . I N K
U . G . L . B . N . .
I D E A L . E I G H T
R . L . . . V . . H .
Y I E L D . C Y C L E
. . X . O . O . H . A
J E T . D A M P E S T
O . R . G . M . A . E
B L A Z E . A F T E R
```

1 E	2 X	3 A	4 H	5 C	6 S	7 W	8 K	9 J	10 V	11 Q	12 L	13 I
14 U	15 Y	16 Z	17 N	18 G	19 R	20 D	21 T	22 M	23 P	24 F	25 O	26 B

93

```
D R E A M . O P E R A
U . Q . A . X . X . C
C H U N K . Y E A S T
K . A . E G G . C . O
S O L O . N E A T E R
. . . A L O N G . . .
B O T T O M . O O Z E
R . W . G E M . L . V
I C I N G . A L I V E
E . R . E . T . V . N
F I L E D . E J E C T
```

1 Y	2 O	3 A	4 C	5 P	6 B	7 F	8 I	9 S	10 H	11 E	12 Z	13 R
14 L	15 N	16 J	17 T	18 D	19 G	20 U	21 M	22 K	23 W	24 X	25 V	26 Q

94

```
S M A C K S . T Y P E
. O . O . I . H . I .
C O M B . E J E C T S
. . . W . G . N . F .
W A V E R E D . Z A G
. N . B . . . O . L .
A T E . W R O N G L Y
. I . W . A . I . . .
S Q U A W K . O A T H
. U . T . E . N . A .
T E X T . D E S E R T
```

1 L	2 X	3 C	4 E	5 B	6 W	7 F	8 T	9 K	10 I	11 V	12 G	13 M
14 Q	15 R	16 P	17 N	18 O	19 U	20 D	21 A	22 S	23 J	24 Z	25 H	26 Y

95

```
W A L T Z . S N A K E
H . E . I . P . N . N
A P T . P A R T Y . J
L . T . . . A . . . O
E Q U A L L Y . S P Y
. C . I . E . L . . .
E V E . B E D T I M E
Q . . R . . . P . X .
U . S T A G E . P E A
I . O . R . L . E . M
P O P P Y . F A D E S
```

1 S	2 L	3 J	4 E	5 M	6 U	7 D	8 F	9 R	10 V	11 Z	12 G	13 T
14 A	15 I	16 P	17 K	18 W	19 C	20 Y	21 N	22 H	23 Q	24 X	25 B	26 O

96

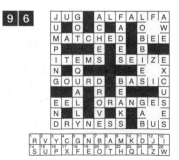

```
J U G . A L F A L F A
U . O . C . A . O . W
M A T C H E D . B E E
P . E . E . B . . . .
I T E M S . S E I Z E
N . Q . . . E . X . .
G O U R D . B A S I C
. . A . R . E . . . U
E E L . O R A N G E S
N . L . V . K . A . E
D R Y N E S S . B U S
```

1 R	2 V	3 Y	4 C	5 G	6 N	7 B	8 A	9 M	10 K	11 D	12 J	13 I
14 S	15 U	16 P	17 X	18 F	19 E	20 O	21 T	22 H	23 Q	24 L	25 Z	26 W

97
```
D I G . P R E V I E W
E . U . I . N . N . A
L U M B E R J A C K S
I . . C . O . L . . .
G R A Z E . Y O U N G
H . D . . D . . D . U
T A M E R . Q U E S T
. . I . A . U . . . T
P A R T I C I P A T E
E . E . S . E . X . R
P E R F E C T . E L S
```
```
1 Y  2 X  3 A  4 C  5 O  6 F  7 K  8 I  9 D  10 S  11 R  12 B  13 T
14 G  15 P  16 N  17 U  18 V  19 Q  20 Z  21 J  22 W  23 M  24 H  25 E  26 L
```

98
```
F A C E D . O U G H T
O . O . U . Y . A . H
R E S P O N S I B L E
K . T . . T . T . . I
S Q U E E Z E . J A R
. M . A . R . O . . .
P I E . R U S T L E D
L . . D . . L . L . I
O B S E R V A T I O N
D . E . U . X . E . E
S W A R M . E R R O R
```
```
1 D  2 X  3 R  4 J  5 G  6 K  7 S  8 I  9 Q  10 V  11 F  12 T  13 C
14 P  15 W  16 L  17 O  18 M  19 N  20 U  21 Z  22 H  23 E  24 Y  25 B  26 A
```

99
```
G I N G E R . S T E P
. N . R . A . W . Q .
I D E A . C H O R U S
. E . P . E . R . A .
E X C E E D I N G L Y
. . U . Y . M . O . .
T A B L E S P O O N S
. W . O . K . O . E .
S A L A M I . Z E R O
. K . F . E . E . V .
J E T S . S U D D E N
```
```
1 A  2 F  3 J  4 R  5 W  6 C  7 G  8 D  9 K  10 Q  11 H  12 Y  13 M
14 P  15 B  16 E  17 N  18 S  19 L  20 U  21 T  22 I  23 X  24 V  25 O  26 Z
```

100
```
L I K A B L E . J O Y
E . N . I . X . O . I
T H E I R . T W I C E
. E . T . R . N . L .
H A L F H E A R T E D
A . A . L . A . . . E
R E P R E S E N T E D
M . R . J . Q . R . .
F R O Z E . U S I N G
U . V . C . I . O . A
L I E . T Y P I S T S
```
```
1 O  2 R  3 G  4 N  5 D  6 K  7 J  8 B  9 W  10 F  11 A  12 L  13 P
14 S  15 V  16 H  17 E  18 X  19 C  20 Z  21 U  22 I  23 M  24 T  25 Y  26 Q
```

101
```
J E A N S . A I S L E
A . M . K . B . T . V
I M A G I N A T I V E
L . Z . . N . F . . R
S H E A R E D . F L Y
O . . I . O . A . . .
D E W . C O N T E X T
I . O . K . . Q . . R
T E M P E R A T U R E
C . E . T . I . I . N
H O N E Y . M O P E D
```
```
1 N  2 L  3 J  4 Y  5 C  6 P  7 A  8 B  9 W  10 M  11    12 I  13 D  O
14 R  15 F  16 Z  17 U  18 E  19 X  20 G  21 S  22 V  23 Q  24 T  25 H  26 K
```

102
```
. D . W . Q . H A W K
S O F A . U . . S . E
. S . . S M O O T H L Y
T E A P O T . O . O .
I . X . T A B S . V .
E J E C T . A S K E D
. U . L O S T . I . Y
. M . U . . P O U N C E
S P E E D I N G . O .
. I . L . C . L A Z E
R E F S . E . Y . Y .
```
```
1 K  2 A  3 T  4 D  5 P  6 Q  7 X  8 S  9 E  10 J  11 B  12 U  13 C
14 G  15 I  16 Y  17 R  18 Z  19 W  20 V  21 M  22 L  23 O  24 N  25 F  26 H
```

103
```
E S T A B L I S H E D
X . E . R . V . Y . O
I M A G E . I N E P T
S . . A . P E . N . .
T Y P E D . S O A P Y
. O . L . W . . U . .
Q U A K E . B E L T S
. M . V . I A . . O .
F L A M E . N O S E D
E . Z . N . J . K . A
E L E C T R O N I C S
```
```
1 K  2 F  3 O  4 G  5 E  6 B  7 D  8 J  9 Q  10 S  11 V  12 H  13 R
14 L  15 M  16 N  17 T  18 W  19 C  20 Z  21 I  22 U  23 P  24 A  25 X  26 Y
```

104
```
F A N G . U N I Q U E
O . O . . I . U . D .
S U B T R A C T I N G
S . L . . K . Z . E .
I C E B O X E S . . .
L . S . V . L . S . P
. . P E R S O N A L .
W . E . R . E . A . .
I M M E D I A T E L Y
F . U . . Z . E . . .
E I T H E R . J E E R
```
```
1 X  2 W  3 R  4 J  5 G  6 F  7 S  8 N  9 H  10 I  11 A  12 K  13 U
14 T  15 P  16 M  17 Y  18 D  19 Q  20 C  21 Z  22 O  23 L  24 V  25 E  26 B
```

105

```
. Q M . W O E . J .
F U S E . A . N E O N
. E . N . L A G . K .
I L L U S T R A T E D
. L . . . Z I G . . .
U S H E R . D E C K S
. . M O M . . . E . .
R A S P B E R R I E S
X . L E D . A . N . .
M E M O . I . V I L E
S . Y E A . E . Y . .
```

1	2	3	4	5	6	7	8	9	10	11	12	13
Y	K	H	O	E	F	W	I	D	G	A	T	M

14	15	16	17	18	19	20	21	22	23	24	25	26
N	U	B	R	V	C	P	S	X	Q	J	L	Z

106

```
T H R O B . E X C E L
O . Y . R A A . A . U
P R E H I S T O R I C
A . . Q . . . A . . K
Z A G . U R N . M A Y
. . A P E . E V E . .
A W L . T O E . L A B
W . L . . D . . . . A
F R O S T B I T T E N
U . P . A . E . O . J
L A S E R . R A T I O
```

1	2	3	4	5	6	7	8	9	10	11	12	13
A	J	S	I	R	N	X	W	E	U	H	P	T

14	15	16	17	18	19	20	21	22	23	24	25	26
B	L	Z	V	D	M	G	F	C	Q	K	O	Y

107

```
E X P L O D E . P U B
L . A . R . X . R . A
S U G G E S T I O N S
E . E . . R . F . K .
. . J U V E N I L E .
O . Q . N . M . T . T
P L U C K I E R . . .
E . A . N . . . Z . A
N E R V O U S N E S S
L . T . W . H . A . P
Y E S . N E E D L E S
```

1	2	3	4	5	6	7	8	9	10	11	12	13
O	P	F	X	Y	W	S	T	N	K	V	L	R

14	15	16	17	18	19	20	21	22	23	24	25	26
I	A	H	E	M	J	B	Z	Q	U	C	G	D

108

```
. S . L . P . I . . P
I N Q U I R I N G L Y
. E . M . Y . D . O .
V E R B S . F I S T S
. Z . . E L M . V . .
M E R R Y . R I S E S
. . . J . H I D . X .
S W E A T . B U M P Y
H . C . S . A . . E .
M A R K E T P L A C E
. T . S . Y . S . T .
```

1	2	3	4	5	6	7	8	9	10	11	12	13
S	V	P	D	K	F	W	U	L	Z	M	I	X

14	15	16	17	18	19	20	21	22	23	24	25	26
R	B	C	Y	T	O	J	H	A	G	E	Q	N

109

```
F E T C H . B U C K .
A . I . O . A . R . Z
D E M O N S T R A T E
E . E . K . H . N . S
D A D S . . E J E C T
. . . P A N D A . . .
S Q U A D . . W H O A
H . N . U . J . Y . L
I N T E L L I G E N T
P . I . T . V . N . O
. B E D S . E X A M S
```

1	2	3	4	5	6	7	8	9	10	11	12	13
U	J	O	T	D	K	X	Q	V	E	A	H	P

14	15	16	17	18	19	20	21	22	23	24	25	26
M	F	I	Y	N	W	B	C	S	R	G	L	Z

110

```
C O Z I E R . O A F S
W . C . E . U . O . .
A N N I V E R S A R Y
. . C . F . T . L . .
U S E L E S S . B O X
Q . E . . E . . E . R
O U R . J O I N I N G
. E . P . C . J . . .
T A B L E C L O T H S
K . A . U . Y . U . .
H Y M N . R E S T E D
```

1	2	3	4	5	6	7	8	9	10	11	12	13
Q	M	F	N	R	S	K	J	B	C	Y	U	X

14	15	16	17	18	19	20	21	22	23	24	25	26
W	I	V	G	L	P	O	E	T	A	Z	H	D

111

```
D U E T S . Z I P P Y
A . J . T . E . L . E
W H E R E A B O U T S
D . C . E . R . C . .
L A T E R . A N K L E
E . L . . O . . O . X
D O R M S . C R E E P
. A . A . O . Q . . R
M A N U F A C T U R E
O . G . E . O . A . S
O V E N S . A T L A S
```

1	2	3	4	5	6	7	8	9	10	11	12	13
L	B	I	U	G	W	Q	D	N	X	F	E	S

14	15	16	17	18	19	20	21	22	23	24	25	26
O	R	C	J	T	H	K	V	P	M	Z	A	Y

112

```
E V E N T . M Y T H S
. I . I . P . O . . Y
W A T E R L O G G E D
. . C . O . A . N . .
S T R E E T S . J A W
E . O . L . K . O . A
A D D . M A I L B O X
W . Q . V . A . . . .
P E C U L I A R I T Y
. L . I . D . G . A .
F L A T S . Z E B R A
```

1	2	3	4	5	6	7	8	9	10	11	12	13
R	S	T	A	N	W	I	M	P	F	Q	G	D

14	15	16	17	18	19	20	21	22	23	24	25	26
B	K	L	U	Z	O	V	C	J	X	H	E	Y

113

```
W O O . R E Q U E S T
E . A . O . U . T . O
E F F E C T I V E L Y
K . . K . P . R
E N J O Y . S I N G S
N . U . . . A . I
D U M P S . R E L A X
. B . E . I . . T
M I L L I O N A I R E
O . E . Z . K . C . E
W A S H E R S . Y E N
```

1	2	3	4	5	6	7	8	9	10	11	12	13
V	C	W	L	Z	Y	Q	F	U	X	E	J	R

14	15	16	17	18	19	20	21	22	23	24	25	26
T	K	B	N	H	S	D	I	M	A	O	P	G

114

```
S E I Z E . F U S E S
H . M . A . A . K . H
O P P O R T U N I T Y
P . U . . C . . E
S P L U R G E . S I R
. S . E . T . Q
E V E . D I S T U R B
J . . W . . A . A
E M B R O I D E R E D
C . O . O . I . E . L
T A X E D . P E S K Y
```

1	2	3	4	5	6	7	8	9	10	11	12	13
D	X	R	J	G	K	S	I	Q	V	F	T	C

14	15	16	17	18	19	20	21	22	23	24	25	26
P	W	L	O	M	N	U	Z	H	E	Y	B	A

115

```
F U S S E S . S U B S
. N . A . H . P . U
J I N X . O R I G I N
. T . E . W . L . L
P E R S O N A L I T Y
. . E . I . S . C
D E V E L O P M E N T
. L . A . O . A . I
Q U A R T Z . K E P T
. D . L . E . E . P
L E S S . S P R A Y S
```

1	2	3	4	5	6	7	8	9	10	11	12	13
K	W	P	F	V	L	G	M	N	Q	T	B	R

14	15	16	17	18	19	20	21	22	23	24	25	26
O	X	Y	H	A	U	C	Z	S	E	I	D	J

116

```
S Q U E E Z E . J O G
U . N . X . V . O . R
E X T R A . A N K L E
. I . C . D . E . A
S W E E T H E A R T S
H . Y . E . S . . E
I N T E R R U P T E D
P . R . O . N . W
P I A N O . C L I M B
E . M . F . L . R . U
D I P . S P E L L E D
```

1	2	3	4	5	6	7	8	9	10	11	12	13
D	I	R	Q	F	G	Z	T	N	H	A	Y	V

14	15	16	17	18	19	20	21	22	23	24	25	26
W	B	L	K	M	O	J	X	U	S	P	C	E

117

```
S T E P S . Q U A I L
I . Q . K . U . I . U
X . U N I V E R S A L
T . I . . L . L . L
H O P E F U L . E L S
. W . O . E . E
J E T . R E D U C E D
A . Y . B . . O . O
C R I T I C I S M . Z
K . N . D . M . I . E
S I G H S . P E C A N
```

1	2	3	4	5	6	7	8	9	10	11	12	13
I	G	T	S	E	J	C	P	U	N	V	A	W

14	15	16	17	18	19	20	21	22	23	24	25	26
D	Z	F	H	L	R	O	Y	Q	K	B	X	M

118

```
. H . L . S . J A I L
T A X I . Q . S . I
L . L A U N C H E D
C O Z Y . A . A . N
U . O . S T E P . D
B L O C K . B E A S T
A . L I M B . I . O
V . O . A . G R E W
K A N G A R O O . L
I . O . C . L I S T
D A W N . H . F . E
```

1	2	3	4	5	6	7	8	9	10	11	12	13
W	A	M	C	D	Y	X	V	B	I	K	R	P

14	15	16	17	18	19	20	21	22	23	24	25	26
Q	O	F	U	N	S	L	G	J	T	E	H	Z

119

```
N I G H T I N G A L E
E . O . O . I . C . L
A B O U T . F L U N K
R . . E A T . T
S E R F S . Y I E L D
. W . U . . M . I
J E E R S . S P I T S
. Q . P A L . . P
P A U S E . A M A Z E
I . I . A . V . R . N
E X P E R I E N C E D
```

1	2	3	4	5	6	7	8	9	10	11	12	13
R	Y	N	A	Z	J	Q	F	G	C	M	D	X

14	15	16	17	18	19	20	21	22	23	24	25	26
H	V	I	U	W	T	L	E	O	S	B	K	P

120

```
C H E W . B R E E Z Y
H . X . . E . X . O
A P P R O A C H I N G
R . O . . I . T . A
M O S Q U I T O
S . E . N . A . O . B
. . . S K I L L F U L
I . J . N . . F . A
D R A G O N F L I E S
O . C . W . . C . T
L I K I N G . V E T S
```

1	2	3	4	5	6	7	8	9	10	11	12	13
N	R	O	M	T	B	Q	D	X	P	F	U	L

14	15	16	17	18	19	20	21	22	23	24	25	26
A	H	S	Z	E	Y	C	V	I	K	W	J	G

121

```
  R A   P U B   F
J I N X   H   A T O M
  G   L O W N   U
S H Y E S T   J U N K
  T   P O L O   D
Z E B R A   E S S A Y
  O   O N C E   T
Q U I T   O R C H I D
  S   A N Y   A   O
F L A T   E   V E N T
  Y   E R R   E   S
```

1 W	2 Q	3 M	4 Y	5 E	6 T	7 X	8 O	9 K	10 U	11 L	12 V	13 B
14 Z	15 R	16 H	17 F	18 G	19 D	20 A	21 P	22 C	23 S	24 J	25 I	26 N

122

```
M A J O R   S Q U A T
O   A   O   K   N   R
C O M M U N I C A T E
K     G     R   A
S U E   H O G   M E T
    A L L   O W E
B A R   Y A P   D U O
L   S   H       F
A C H I E V E M E N T
Z   O   R   R   E
E X T R A   S I R E N
```

1 O	2 Z	3 L	4 M	5 R	6 E	7 C	8 Y	9 A	10 G	11 T	12 U	13 F
14 Q	15 H	16 J	17 D	18 W	19 K	20 I	21 X	22 V	23 S	24 N	25 B	26 P

123

```
B O N A N Z A   E L F
U   A   O   N   X   U
S U B S T I T U T E D
H   S   I   R   G
  A D E Q U A T E
T   H   O   U   S   D
W R I G G L E D
I   G   W     J   V
S C H O O L H O U S E
T   L   O   I   M   I
S K Y   D U S T P A N
```

1 I	2 A	3 F	4 O	5 R	6 L	7 P	8 T	9 E	10 G	11 Q	12 M	13 Y
14 X	15 U	16 W	17 Z	18 C	19 B	20 K	21 D	22 V	23 N	24 J	25 H	26 S

124

```
  D   J     S   N
F I R E C R A C K E R
  V   T   E   R   X
Z I G S   E Q U A T E
  D     C L U B
T E M P O   I S L E T
    O M I T     X
F A L L E N   W E P T
  R   I   C   A   A
H I T C H H I K I N G
  D   Y     E   D
```

1 C	2 L	3 N	4 H	5 G	6 Y	7 M	8 O	9 A	10 Z	11 Q	12 D	13 T
14 K	15 B	16 W	17 F	18 X	19 R	20 U	21 S	22 I	23 V	24 P	25 J	26 E

125

```
J A D E S   E L B O W
O   U   E   A   I   A
K I S S I N G   B O X
E   T   Z   L   E
R E P R E S E N T E D
  A   H   R   N
U N N E C E S S A R Y
N   U   C   I   U
I V Y   P R O B L E M
T   O   I   F   E   M
S Q U A D   F E R R Y
```

1 B	2 A	3 P	4 I	5 Z	6 L	7 J	8 K	9 G	10 F	11 W	12 Y	13 T
14 O	15 N	16 S	17 M	18 D	19 Q	20 C	21 U	22 R	23 V	24 X	25 E	26 H

126

```
V A C U U M   C O P Y
  X   N   E   I   R
C E L E B R A T I O N
    V   G   Y   P
S C H E M E D   F O X
R   N     S   S
J O B   W A L T Z E D
  Q   M   W   R
A U T O M O B I L E S
  E   T   K   C   W
E T C H   E I T H E R
```

1 H	2 G	3 P	4 W	5 I	6 F	7 N	8 X	9 V	10 K	11 T	12 B	13 R
14 L	15 O	16 C	17 D	18 U	19 S	20 A	21 E	22 M	23 Z	24 Q	25 Y	26 J

127

```
A P A R T   F A T E D
N   C   O   R   I   R
T R U S T W O R T H Y
I   T   A   Z   L
Q U E L L   E J E C T
U   E     O   I
E X C E L   V Y I N G
  A   E   D   H
M A G N I F I C E N T
O   E   R   L   A   L
B A S I S   S I L K Y
```

1 L	2 B	3 I	4 U	5 G	6 W	7 Q	8 D	9 N	10 X	11 F	12 E	13 S
14 O	15 R	16 C	17 J	18 T	19 H	20 K	21 V	22 P	23 M	24 Z	25 A	26 Y

128

```
Q U A C K   D W A R F
  S   O   L   A   U
M E R C H A N D I S E
    O   V   E   T
P A J A M A S   A Y E
I   O   U   A   W   L
E B B   G O G G L E S
  I   D   X   L
U N L I K E L I E S T
  G   M   N   D   I
Z O N E D   V E E R S
```

1 J	2 T	3 K	4 B	5 U	6 O	7 Z	8 F	9 W	10 I	11 X	12 D	13 A
14 N	15 S	16 C	17 Y	18 R	19 V	20 L	21 E	22 M	23 H	24 G	25 Q	26 P

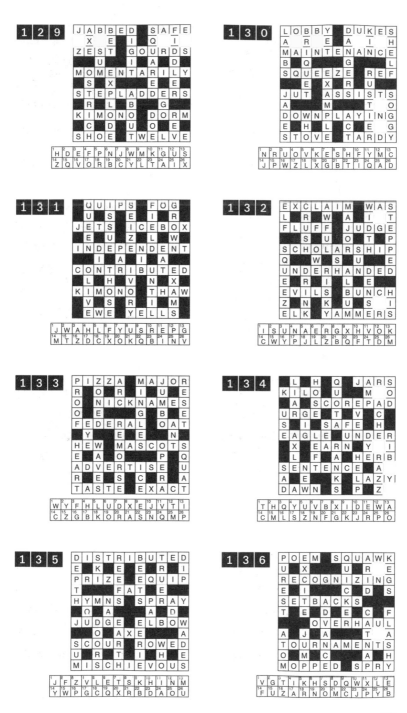

129

```
J A B B E D     S A F E
  X   E     I   Q   I
Z E S T   G O U R D S
  U     I   A   D
M O M E N T A R I L Y
  S   X       E   E
S T E P L A D D E R S
  R   L   B     G
K I M O N O   D O R M
  C   D   U   O   E
S H O E   T W E L V E
```

```
1  2  3  4  5  6  7  8  9  10 11 12 13
H  D  E  F  P  N  J  W  M  K  G  U  S
14 15 16 17 18 19 20 21 22 23 24 25 26
Z  Q  V  O  R  B  C  Y  L  T  A  I  X
```

130

```
L O B B Y   D U K E S
A   R   E     A   H
M A I N T E N A N C E
B   Q       G     L
S Q U E E Z E   R E F
  E   X   R   U
J U T   A S S I S T S
A   M         T   O
D O W N P L A Y I N G
E   H   L   C   E
S T O V E   T A R D Y
```

```
1  2  3  4  5  6  7  8  9  10 11 12 13
N  R  U  O  V  K  E  S  H  F  Y  M  C
14 15 16 17 18 19 20 21 22 23 24 25 26
J  P  W  Z  L  X  G  B  T  I  Q  A  D
```

131

```
Q U I P S   F O G
U   S   E   I   R
J E T S   I C E B O X
  E   U   Z   L   W
I N D E P E N D E N T
  I   A   I   A
C O N T R I B U T E D
  L   H   V   N   X
K I M O N O   T H A W
  V   S   R   I   M
E W E   Y E L L S
```

```
1  2  3  4  5  6  7  8  9  10 11 12 13
J  W  A  H  L  F  Y  U  S  R  E  P  G
14 15 16 17 18 19 20 21 22 23 24 25 26
M  T  Z  D  C  X  O  K  Q  B  I  N  V
```

132

```
E X C L A I M   W A S
L   R   W   A   I   T
F L U F F   J U D G E
  S   U   O   T   P
S C H O L A R S H I P
Q   W   S   U   E
U N D E R H A N D E D
E   R   I   L   E
E V I L S   B U N C H
Z   N   K   U   S   I
E L K   Y A M M E R S
```

```
1  2  3  4  5  6  7  8  9  10 11 12 13
I  S  U  N  A  E  R  G  X  H  V  O  K
14 15 16 17 18 19 20 21 22 23 24 25 26
C  W  Y  P  J  L  Z  B  Q  F  T  D  M
```

133

```
P I Z Z A   M A J O R
R   O   R   I   U   E
O   N I C K N A M E S
O   E   G   B   E
F E D E R A L   O A T
  Y   E   E   N
H E W   M A S C O T S
E   A   O       P   Q
A D V E R T I S E   U
R   E   S   C   R   A
T A S T E   E X A C T
```

```
1  2  3  4  5  6  7  8  9  10 11 12 13
W  Y  F  H  L  U  D  X  E  J  V  T  I
14 15 16 17 18 19 20 21 22 23 24 25 26
C  Z  G  B  K  O  R  A  S  N  Q  M  P
```

134

```
  L   H   Q   J A R S
K I L O U   M   O
  A   S C O R E P A D
U R G E   T   V   C
S   I   S A F E   H
E A G L E   U N D E R
  X   E A R N   Y   I
  L   F   A   H E R B
S E N T E N C E   A
A   E   K   L A Z Y
D A W N S   P   Z
```

```
1  2  3  4  5  6  7  8  9  10 11 12 13
T  H  Q  Y  U  V  B  X  I  D  E  W  A
14 15 16 17 18 19 20 21 22 23 24 25 26
C  M  L  S  Z  N  F  G  K  J  R  P  O
```

135

```
D I S T R I B U T E D
E   K   E   R     I
P R I Z E   E Q U I P
T   F A T   E
H Y M N S   S P R A Y
  Ω   A     A   D
J U D G E   E L B O W
  O   A X E     A
S C O U R   R O W E D
U   R   T   I   H   E
M I S C H I E V O U S
```

```
1  2  3  4  5  6  7  8  9  10 11 12 13
J  F  Z  V  L  E  T  S  K  H  I  N  M
14 15 16 17 18 19 20 21 22 23 24 25 26
Y  W  P  G  C  Q  X  R  B  D  A  O  U
```

136

```
P O E M   S Q U A W K
U   X       U   R   E
R E C O G N I Z I N G
E   I       C   D   S
S E T B A C K S
T   E   D   E   C   F
      O V E R H A U L
A   J   A       T   A
T O U R N A M E N T S
O   M   C       A   H
M O P P E D   S P R Y
```

```
1  2  3  4  5  6  7  8  9  10 11 12 13
V  G  T  I  K  H  S  D  Q  W  X  L  E
14 15 16 17 18 19 20 21 22 23 24 25 26
F  U  Z  A  R  N  O  M  C  J  P  Y  B
```

137

```
       Q  A  F  C  Z
    B  U  T  T  E  R  F  L  I  E  S
       I     O     E     U     S
    I  T  E  M     E  J  E  C  T  S
       X     E     I     H     A
    V  O  C  A  L     N  O  I  S  Y
    O     E     S     X     L
    W  O  L  V  E  S     P  I  P  E
    D     O     E     O     I
    D  O  M  I  N  E  E  R  I  N  G
    R     D     N     T     K
```

1 K	2 Y	3 O	4 U	5 H	6 R	7 L	8 M	9 G	10 N	11 D	12 S	13 T
14 P	15 I	16 Z	17 A	18 V	19 C	20 X	21 E	22 Q	23 B	24 F	25 W	26 J

138

```
    S  E  E  K  S     B  A  T  H  E
    W     X     N  A     E     J
    A  P  P  R  O  P  R  I  A  T  E
    M     L     O        C
    P  E  A     Z  I  P     V  A  T
          I  C  E     A  G  O
    S  O  N     D  E  N     Y  A  M
    Q        F        A     A
    U  N  K  N  O  W  I  N  G  L  Y
    A     I     D     S     E  B
    D  O  D  G  E     H  A  S  T  E
```

1 X	2 U	3 P	4 M	5 A	6 R	7 Y	8 Z	9 F	10 D	11 O	12 W	13 T
14 N	15 H	16 L	17 Q	18 K	19 B	20 V	21 C	22 G	23 J	24 S	25 I	26 E

139

```
    W  E  L  C  O  M  E     P  R  O
    H     A     W     P     O     X
    I  M  P  U  L  S  I  V  E  L  Y
    P     S        S     T     G
             M  E  M  O  R  I  Z  E
    S     F     M     D     C     N
    T  H  R  O  B  B  E  D
    A     E     L        A        J
    C  O  N  S  E  Q  U  E  N  C  E
    K     Z     M     R     T     T
    S  O  Y     S  I  N  G  E  R  S
```

1 A	2 M	3 H	4 V	5 O	6 Z	7 E	8 I	9 T	10 P	11 Q	12 W	13 F
14 K	15 C	16 J	17 R	18 U	19 S	20 D	21 X	22 Y	23 G	24 N	25 L	26 B

140

```
       C     S  Q     S     D
    P  U  N  C  T  U  A  T  I  O  N
       C     A     I     E     V
    S  K  I  N     Z  I  P  P  E  D
       O     T     D     A
    J  O  K  E  R     L  A  Y  E  R
       I     U     Y        X
    J  U  D  G  E  D     A  C  H  E
       P     I     A     W     A
    C  O  M  F  O  R  T  A  B  L  Y
       N     T     K     Y     E
```

1 L	2 U	3 A	4 F	5 S	6 Y	7 Z	8 J	9 H	10 K	11 R	12 O	13 D
14 W	15 C	16 I	17 N	18 M	19 P	20 V	21 B	22 G	23 E	24 Q	25 X	26 T

141

```
    S  C  R  U  B     M  E  D  I  A
    H     E     A     O     U     R
    A  G  A  I  N  S  T     G  Y  M
    R     L     J     T     O
    P  H  I  L  O  S  O  P  H  E  R
       Z        K        A
    Q  U  E  S  T  I  O  N  I  N  G
    U     H     V     R     E
    O  W  N     E  X  A  M  P  L  E
    T     A     F     L     I  S
    E  I  G  H  T     S  I  N  C  E
```

1 S	2 C	3 F	4 Z	5 W	6 X	7 U	8 G	9 I	10 V	11 M	12 R	13 P
14 A	15 E	16 L	17 Q	18 D	19 H	20 K	21 O	22 T	23 Y	24 J	25 B	26 N

142

```
    T  R  Y     B  U  F  F  A  L  O
    R     I     O     L     N  W
    A  P  P  R  O  X  I  M  A  T  E
    V        S     E     L
    E  I  G  H  T     R  H  Y  M  E
    L     L        Z     J
    S  T  I  F  F     Q  U  E  U  E
       M     I     U        C
    S  U  P  E  R  M  A  R  K  E  T
    A     S     S     K     I  E
    W  R  E  S  T  L  E     N  O  D
```

1 A	2 H	3 E	4 W	5 S	6 C	7 B	8 U	9 P	10 M	11 Y	12 K	13 L
14 I	15 O	16 Z	17 F	18 D	19 Q	20 R	21 G	22 N	23 V	24 J	25 X	26 T

143

```
    J  U  M  P  S     C  Y  C  L  E
    O     I     H     L     O     L
    C  O  M  P  A  R  I  S  O  N  S
    K     I     L     M     E
    E  X  C  E  L     B  A  D  G  E
    Y     L        G        M
    S  W  I  F  T     T  E  P  E  E
       N     H     E     R     R
    V  A  N  Q  U  I  S  H  I  N  G
    E     E     G     T     Z  E
    T  I  R  E  S     S  P  E  N  D
```

1 O	2 K	3 L	4 C	5 U	6 F	7 N	8 P	9 Q	10 R	11 G	12 J	13 M
14 A	15 Z	16 D	17 B	18 I	19 W	20 T	21 H	22 V	23 Y	24 E	25 S	26 X

144

```
    O  B  O  E  S     Q  U  E  L  L
       O     J     P     N     U
    E  X  P  E  D  I  T  I  O  N  S
          C     E     T     C
    D  I  S  T  U  R  B     W  H  Y
    I     U     M     A     O  A
    N  A  B     P  E  R  F  O  R  M
    C     E     A     R
    T  R  A  D  I  T  I  O  N  A  L
    E     G     S     Z     C
    A  S  K  E  D     S  E  V  E  N
```

1 V	2 X	3 R	4 S	5 M	6 Q	7 U	8 P	9 C	10 Z	11 B	12 W	13 H
14 N	15 A	16 O	17 G	18 Y	19 E	20 T	21 F	22 I	23 L	24 D	25 J	26 K

WHAT IS MENSA?

Mensa®
The High IQ Society

Mensa is the international society for people with a high IQ. We have more than 110,000 members in over 40 countries worldwide.

The society's aims are:
- to identify and foster human intelligence for the benefit of humanity;
- to encourage research in the nature, characteristics, and uses of intelligence;
- to provide a stimulating intellectual and social environment for its members.

Anyone with an IQ score in the top two percent of the population is eligible to become a member of Mensa—are you the "one in 50" we've been looking for?

Mensa membership offers an excellent range of benefits:
- Networking and social activities nationally and around the world;
- Special Interest Groups (hundreds of chances to pursue your hobbies and interests—from art to zoology!);
- Monthly International Journal, national magazines, and regional newsletters;

- Local meetings—from game challenges to food and drink;
- National and international weekend gatherings and conferences;
- Intellectually stimulating lectures and seminars;
- Access to the worldwide SIGHT network for travelers and hosts.

For more information about Mensa International:
www.mensa.org
Telephone: +44 1400 272675
e-mail: enquiries@mensa.org
Mensa International Ltd.
Slate Barn
Church Lane
Caythorpe, Lincolnshire NG32 3EL
United Kingdom

For more information about American Mensa:
www.us.mensa.org
Telephone: 1-800-66-MENSA
American Mensa Ltd.
1229 Corporate Drive West
Arlington, TX 76006-6103 USA

For more information about British Mensa (UK and Ireland):
www.mensa.org.uk
Telephone: +44 (0) 1902 772771
e-mail: enquiries@mensa.org.uk
British Mensa Ltd.
St. John's House
St. John's Square
Wolverhampton WV2 4AH
United Kingdom

For more information about Australian Mensa:
www.mensa.org.au
Telephone: +61 1902 260 594
e-mail: info@mensa.org.au
Australian Mensa Inc.
PO Box 212
Darlington WA 6070 Australia